やさしい

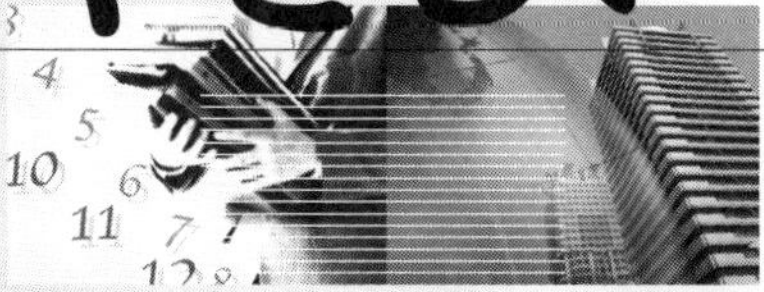

日本と世界の経済の話

熊野剛雄
kumano yoshio
筆名・大槻久志

新日本出版社

はじめに

筆者は以前本書の出版元である新日本出版社から経済についての解説書として『金融恐慌とビッグバン』（1998年）、『やさしい日本経済の話』（2003年）と『金融化の災い』（08年）の3冊を刊行した。しかし、それから10年以上の年月が経ち、その間「リーマン危機」などと呼ばれている世界経済をゆるがす大事件を始め色々な事が起こった。日本を含めて世界の経済には、前世紀の1970~80年代から色々な面で大きな変化が起こっているが、その中でも人々を悩ませているのは「グローバライゼーション」とか「シャドウバンキング」、「タックス・ヘイヴン」あるいは「フィンテック」などとカタ仮名ばかり並んだ言葉が出てきたことである。一般国民には当然何のことやらサッパリ分からない。それどころか経済学者の書いたものを見ても、理解不十分ではあるまいかと思われることがある。

これはある意味で無理からぬことで、新しい諸現象や用語を正しく理解するためには、日本と諸外国の経済機構や法律制度、そして、その歴史的な発展経過にある程度通じていなければならない。それに重要な情報がすべて日本語で我々に供されているわけではない。また、経済というものは労働者と資本（企業）で成り立っているのだから、経済に関する情報の基本は企業情報である。そして、その企業情報は主として会計情報であるから、それを理解するためには会計学に通じていることが必須の要件である。また、もう一つの企業情報として企業が作って売っている商品に関する商品学的な知識や多少の自然科学的な知識も理解できなければならない。

こうした厄介なことを、経済学や会計学の専門用語をなるべく使わないようにして、一般国民に分かり易く説明するためには、第一自分自身がよく分かっていなければならないが、そのためには大変広範囲のことを大変な分量にわたって勉強しなければならない。浅学菲才《せんがくひさい》の筆者にとっては、たいへん無謀な企てであったが、多少とも理解していただければ無上の喜びである。

こういうわけであるからこの本は学術論文ではない。一般国民、とりわけ平和と民主主義のために活動している人々のために、出来るだけ分かり易く書いた解説書である。そのためには先行研究があることを示すためには必要なことであるが、一般読者にとっては煩雑な注は一切省いた。また、一般に数式が出てくると読者はげっそりして本を閉じてしまうから、煩雑な数式や図表も省いた（「基礎知識」のところではやむを得ず多少使った。つまり理屈だけを分かり易く説明した「お話」にした）。

分かり易く説明するためには、出来るだけ具体的に説明することが必要である。そして、説明しようとしていることが、ただ起こっていることを説明するだけでなく、どうしてそういうことになったかを説明することが大事である。その際に一番問題になるのは、色々なことがたいていはお互いに関連しあっていて、互いに原因となり、結果となっていることが多いことである。そのために色々な事項をどういう順序で説明すれば分かり易いかということに頭を悩ませた。

なお、現代経済について述べる前に、基礎知識として「資本主義とは何か」ということと「社会主義とはなにか」について解説する項目を置いてあるが、これは読むのを後回しにしてもよい。極端に言えば飛ばしてもよい。但し、重要ではないという意味では決してない。

なお、筆者はこれまで新日本出版社の書籍や雑誌に執筆するとき、大槻久志という筆名で執筆してきたが、これは約50年前、初めて同社で執筆するときその名前で執筆したのでその名前を続けたのである。本書出版を機会に本名に戻すことにした。

熊野剛雄

熊《くま》野《の》剛《よし》雄《お》
1926年　広島県尾道市生　東京大学（旧制）経済学部卒業　大学院中退　角丸証券（現・みずほ証券）調査部長、日本証券経済研究所主任研究員、同理事を経て専修大学教授、同経営研究所長、証券経済学会代表理事、日本学術会議会員　現在専修大学名誉教授

目次

I　基礎知識

1　資本主義経済とは？

◆スタート

経済、あるいは経済学の入門書や教科書はたいてい商品や貨幣の説明から始まっている。確かに経済の基盤は商品の生産で、その商品が消費されるときも、現代はもちろん物々交換ではないから貨幣が仲立ちしている。マルクスの『資本論』でも一番最初は「生産の大部分が資本主義のやり方で行われている社会では、富というものは膨大な商品の集まりとして我々の目に映る」という一句で始まっている。そして、商品と商品の交換の中から価値というものを見つけ出していく。交換されるときは交換の比率が問題になるが、その比率はどうして決めるのかというと、両者の間に共通のものがあるから、その共通のものの大小できめる。その共通のものは何かと言うと、それは商品を生産する時一定量の労働が必要であるということ、難しく言うとどのくらいの労働力の支出が必要であったかということである。生産された商品は一つのモノであると同時に、その商品の生産に必要であった労働力のかたまりのようなものである。それを価値と呼ぶ。商品は人間が使って有用なものであると同時に支出された労働力のかたまりである。あるいは商品は価値そのものであると考えてもよい。

こうした議論を経済学で価値論という。しかし、この商品の交換の中から金という特定の商品が貨幣になると考えるわけであるが、この商品・価値・貨幣という議論は、実はなかなか難しい。マルクス経済学以外の、近代経済学とか、新古典派経済学あるいはケインズ経済学などと呼ばれている経済学では、価値に関する議論はしない。商品の価値を貨幣の一定量で表現した言い方、つまり価格しか問題にしない。ともかくこの問題を説明しようとすると大変なページ数が必要になる。そこでこの本では商品、価値、貨幣についての本質論は割愛する。

◆金儲けの元手

では、どこから説明を始めるか、である。筆者はこの本では、金儲けの元手、資本の説明から始めることにした。「はじめに」で述べたように、現代経済は複雑化し、分かり難くなっている。それは現代ではお金儲けのやり方が、以前と違って複雑になり、分かり難くなっているからである。作っている商品も、次々と新しいものが現れ、売り方も変わってきた。売っている商品も、モノだけでなく、コトとかサービス、漢語でいえば用益とか役務などと呼んでいるものが多くなってきた。

このように変わってきたのは、お金儲けのやり方が変わってきたからである。以前と同じような商品を、同じような売り方で売っていたのでは、企業がやって行けなくなったからである。年中お金儲けに狂奔しているのは企業である。企業の存在理由は金儲け、利益を上げることである。その企業の利益追求のための振舞が変わってきたのである。扱う商品も、モノとしての商品よりもサービスや貨幣が多くなってきた。

ところが、この企業というものが、分かり易いようで実は分かり難い。それは企業というものが、色々な顔を持っているからである。しかもその各々がしょっちゅう変化している。したがって、企業を考えるとき、その正体は一体何か、ということを考えなければならない。

まず、我々の目に映る企業とはどんなものであろうか？　大都会なら差し詰め大きなビルであろう。郊外や地方なら工場であろう。あるいはその中に入っている機械であろう。製鉄所や石油精製工場の機械なら大きくて建物の中に入らないから、遠くから巨大な姿がよく見える。これらはモノであるが、ビルや工場の中には人がいる。これらのモノや人が、とりあえず我々の目に映る企業である。しかし、これらのモノと人は一つの存在であるが、それと同時にあるものが姿を変えたものである。それは何であろうか？　お金である。

ビルも工場も企業がお金を出して建てたものである。製鉄所の広大なヤードにある、うず高い鉄鉱石や石炭の山も、石油タンクの中にある原油も、遠い外国で買い付けて運んで来たものである。働いている労働者は奴隷として連れてこられたのではない。彼らは自由である。ただ、彼らは自分の労働力を売り、一定時間は工場やオフィスで働く契約を結んでいる。労働者は経営者・資本家の目から眺めると、彼らは給料、賃金を払った結果としてそこに居るのであり、いわば人件費として払ったお金の化身として目に映っている。企業にとっては労働者は人間ではなく、人件費として支払った貨幣の化身である。そして、ビルも工場も投資として支払った貨幣の、姿を変えたものである。みんなもとは企業のお金である。お金儲けのために出ていって、色々な姿に変身しているだけである。

◆資本とは？

このように金儲け、利益追求のもとは貨幣である。しかし、ここで考えておかなければならないのは、人間が働いて稼ぎ出した富、商品と貨幣の内、価値を減らさないで保蔵して置く能力があるのは貨幣だということである。商品、つまりモノは売れなくて放っておくと腐る。腐らなくても色々な意味で売り物にならなくなる。つまり価値が消滅してしまう。だから貨幣から商品へ、あるいは商品を作るための原料や人手へと、姿を変えるということは、大変危険なことである。

しかし、そうかといって貨幣のままでいると、いつまでたっても価値は増えない。それに価値の保蔵能力といっても、それは貨幣の本来の姿である金貨の場合のことであって、現代の貨幣は金貨に取り換えてくれない不換銀行券であるから価値が下がる。つまり、物価がしょっちゅう上がって、同じ貨幣の量で買える商品の量が減る。２１世紀の初頭、物価の安定が任務であるはずの日本銀行総裁が、物価を２％上げることを金融政策の目標として掲げた。これは後で述べるように理論としても間違っていたのであるが、現代では中央銀行も、中央銀行が発行する貨幣も（日銀用語では不思議なことに硬貨すなわちコインのことを貨幣という）信用が置けないということである。また、２１世紀初めの頃、日本の大企業は巨額の利益を上げながら、投資先がなくてやはり巨額の金を手元余裕金としてもっていたが、お金を遊ばせて利益を上げようとしない怠慢として非難された。こうした矛盾にさいなまれながら運動している、あるいは運動することを強要されている貨幣が資本である。また、先に企業として我々の目に入るのは、ビルや工場などの建物であったり、人であったりすると述べた。しかし、それは貨幣であった資本が利益を上げるために色々と変身している姿である。だから企業は資本が増えるために色々と変身している姿、運動態である。資本といっても企業といっても同じと考えてもかまわない。あるいは資本は価値が増殖のために変身運動をしている運動態だといってもいい。

2　資本主義経済の特徴

◆何ごとも利益のため

前節で資本とは何かということと、企業は資本が運動している具体的な姿であるということを説明した。人間は生きていくために自然に働きかけ、生産を行い、それを消費して生きてきたわけであるが、その生産と消費の活動、とりわけ生産の活動を、資本の活動として行っているのが資本主義経済である。この節では、その資本主義経済の特徴を別の角度からまとめてみよう。

まず、第一には、資本、またはそれが色々な姿に変化した形である貨幣も、工場や機械、道具、原材料などの生産手段も、出来上がった商品も、その資本の所有者の私有であり、それをどう動かそうが所有者の自由であることである。国のためでも、国民のためでもない。資本、企業は、ひたすら自分の持っている価値を増やすことだけを考えている。そのために何をいくら作ろうと自由だと考える。それが人間の権利だと考える。本来は人間は生きていくために、よりよい生活のために、生産活動をしてきたのであるが、資本主義経済であるということは、資本の増殖ということが目的で、そのための手段として生産という活動をしているということである。生産は目的ではなく、手段に過ぎない。これが資本主義である。

だから、人間が生きていくために、幸せな生活を送るために、ということは二の次である。資本の価値増殖のためには、いくらでも生産する。あってもなくてもどちらでもいいものでも生産する。さらに人間にとって有害なものでも生産する。

こうして利益を上げるために一所懸命に生産を増やすから、人間の生活のために必要なものはたちまち十分に生産されるようになる。しかしそうなっても、資本の価値増殖のために生産しているのだから、生活に必要なものは十分に生産されるようになったからといっても、それで生産をやめるわけには行かない。したがって、生産過剰になる。

右に述べた「十分に生産された」ということは、生産が消費、言い換えれば需要に十分応えたかということであるが、そもそも資本主義経済には、元々消費が増えにくいという性格が備わっている。生産するのは資本家の都合であるが、消費するのは労働者である。資本家、大富豪も消費するが、彼らが購入するのは高価な装身具、宝石、美術品などであって、一般的な消費財を労働者の何倍も何十倍も消費するわけではない。現代の国民経済計算でも、生産に対応して誰がどのくらい消費するかというと、個人の消費は日本で55〜60%くらい、アメリカで70%くらいなものであるが、その主体は労働者の消費である。そして、労働者の消費は労働者の所得、つまり賃金で決まる。資本の運動は利益を上げるためで、賃金を上げると利益が減ることくらい誰にでもわかる。企業は人件費の支払いを減らそうといつも努力している。こうした経済で労働者の所得が、消費が、そもそも増えるはずがない。したがって、生産は増えるが消費は増えない。過剰生産は資本主義経済にはつきものである。過剰生産になれば生産したものの一部は必ず売れない。売れなければ資本の運動としてその商品の生産のために投下した貨幣は還流してこない。来なければ生産のために買った機械や原材料の代金は払えない。銀行から借りたお金も返せない。企業は支払い不能になる。支払い不能が増えれば恐慌である。また、支払い不能の企業が増えれば、貸したお金が返ってこず、銀行も支払い不能になり、預金の払い出しに応じられなくなる。これが金融恐慌である。恐慌と金融恐慌は資本主義経済につきものである。

◆資本と労働者の関係は基本的に不平等

しかし、それは理不尽なものである。恐慌になれば多くの労働者は首になる。資本主義経済の社会は同時に近代社会である。個人の自由と権利が近代社会の基本原理のはずである。個人つまり労働者も自由、対する企業は自然人ではなく法人だが、これも自由である。両者は対等の立場に立っているように見える。そして、自由対等の立場で雇用契約を結ぶ。不景気になり、恐慌になると企業は契約を破棄し、リストラという名の首切りを行う。それで企業は延命し、立ち直るかもしれない。しかし、首になった労働者は生きて行けない。だから労働者には決定的な弱みがある。言い換えれば資本、企業と労働者は契約の当事者としての立場は決して自由対等ではない。近代社会の基本原理としての自由・対等は資本主義経済という関係の中では修正されなければならない。労働者が対等の立場に多少とも近づくためには、団結権、争議権が認められなければならない。

後に本論で述べるように、20世紀に入って革命と大恐慌が続発し、悲惨な境遇にさらされた労働者の抵抗と、革命への資本家の恐怖から労働者保護立法が先進資本主義国で施行された。しかし、20世紀後半には「新自由主義」の名の下に資本の側の反撃が開始され、政権を握ることによって、労働者保護立法と資本の行動に対する規制が撤廃されている。21世紀に入ってから、労働者保護立法をさらに改悪し、解雇の自由を拡大することが経済の停滞を脱却し、経済成長を促進する鍵であるかのような主張が行われている。

◆必ず独占・寡占になる

これは誰にも分かることである。自由競争は強いものの勝ちということだからである。資本の説明のところで述べたように、資本は貨幣の形をとっている時に比べると、商品の形をとっている時には価値が不安定である。だからなるべく早く売ろうとする。元の貨幣の形になって戻ろうとする。しかし、前項で説明したように現代では、大体においていつも過剰生産気味だから、ぐずぐずしていると売れ残り、価値を失ってしまう。

だから、資本主義経済においては激烈な販売競争が必然である。企業は多額の販売奨励金という費目を計上する。販売の末端に対してこれだけ値引きしていいということである。しかし、このような販売競争は企業の懐《ふところ》具合に余裕がなければ出来ない。弱い企業は無理な競争を続けても、結局は競争に敗れてつぶれ、市場から退出することになる。

また、企業は商品の品質、性能についても激しく競争する。そのための開発費は莫大である。現代では競争のための工場・生産設備の増設の規模は巨大である。増設の規模、タイミングを誤れば致命的である。わが国の電子工業製品、部品の多くで、この点で韓国や台湾に敗れたことはよく知られている。また、設備投資競争の規模が大きくなるにつれて、その金額も当然巨額化する。企業の資金力、銀行との関係の密接度が大きく影響する。

こうした自由競争の結果ほうっておけば強い企業はますます強く、ついには独占が形成される。現実には単一の企業という意味の独占ではなく、多くの場合数社の企業が残るという寡占という構造となり、そこで激しく競争を行っている。寡占からさらに進んで独占に進むことは、多くの場合独占禁止立法によって阻止されている。

3　資本の価値増殖運動を図式化する

◆資本のジレンマ

これまで資本について説明したことは、いわば資本の起源についてであり、資本とは何かということであった。商品交換をしているうちに貨幣が生まれる。商品と違って貨幣は価値が減らないが、その代わりにそのままほうっておくと価値が増えることもない。増やすためには貨幣の姿を脱ぎ捨てて商品の姿になるなど、運動をしなければならない。しかし、運動に失敗すると価値が増えるどころか逆に減ったり、まったくなくなったりすることもある。大変な危険を冒すことになる。しかし、危険を冒さないと増殖もしない。こうしたジレンマに苦しみながら貨幣と商品の変身運動を行う価値が資本である。

◆商業の時代

変身運動がまず現れるのは商業の世界である。貨幣―商品―貨幣という運動である。中世封建制から近代の資本制に移行する間の中間の時代、一般に近世と言われている時代に商業が盛んになって来る。個人営業では人手が足りなくなって雇い人を使うようになるから、賃労働が登場するわけであるが、まだ資本の運動が生産活動としての運動ではないから、資本制生産様式になったというわけではない。言い換えると、原材料を加工して価値を増やすわけではない。

日本で商業が盛んになり始めたのは、平安末期、藤原氏が支配する朝廷が弱体化し、武家に権力が移行した頃であるが、世界的に見ると商業が盛んになり、大規模化したのは近世の大航海時代（１４００年代から１５００年代にかけて）からである。

それに先立って東方との交易で地中海を舞台とした商業が盛んとなり、ヴェネツィアなどイタリア半島の都市国家が繁栄する。東方との交易がイスラム教徒によって阻害されるようになってくるとスペイン、ポルトガルといったイベリア半島の国が遠くの国に乗り出して、いわゆる大航海時代になると、商業の規模が一段と大きくなった。大量の商品を仕入れ、大きな船を作って商品を積み込んで遠方まで航海するのであるから、大変な資金がいる。そして、帰りにはまたたくさんの商品を仕入れて母港に帰り、ヨーロッパで売りさばく。商業の規模が格段に違ってきた。

こうなるとたくさんの資金がいるから、もはや個人の企業では出来なくなった。多数の人が資金を出し合って大きな企業を作る。資本を合わせるから合本《がっぽん》企業という。これが後に株式会社に発展する。はじめは遠方から買ってきたものを売りさばいて儲けた後は解散する「当座企業」であったが、そのうち解散しないで事業を続ける「永続企業」になった。

そうなると、資本は貨幣―商品―貨幣―商品―貨幣と絶えずいつまでもぐるぐると回転するようになる。この運動を図式化することにする。

貨幣は『資本論』が書いてあるドイツ語で Geld（ゲルト）だからGと略す。商品は Ware（ヴァーレ）だからWと略す。G―W―G′という調子である。ダッシュがつけてあるのは「増えた」という意味である。もちろん現実には増えないで逆に減ることもある。絶えず回転しているわけだから、ある一定の時点の資本の姿を見ると、これからWの形に変わろうとしている段階でまだGの形をしているのと、無事商品が売れてWからGの形に戻ったGと、仕入れたがまだ売れなくてWの形をしているのと2種類あることになる。つまり商業に従事している資本は、時間的経過を辿るとG―W―G′という形になるが、一定の時点で全身の状態を見ると、G＋Wという姿をしているということになる。

◆工業の時代

さらに時代が進み、生産力が発展して生産の規模が段々大きくなると、資本の増殖運動が商業だけでなく、生産活動に及ぶようになる。言い換えると生産も資本の運動として行われるようになる。つまり資本主義的生産様式になる。ヨーロッパの西部の国から、次々と資本主義の国になっていった。それまで、イタリア半島からイベリヤ半島にかけて商業が繁栄してきたが、舞台はネーデルランド地方に移り、スペインの支配から独立したオランダで毛織物工業が発展した。オランダは工業の最先進国であった。そして工業は海を渡り、それまでオランダの毛織物工業のために羊を飼っていたイギリスが工業の中心国になった。イギリスは近世の西ヨーロッパで経済発展の競争に勝つとともに、戦争にも次々と勝って行き、18世紀後半にはいち早く産業革命を達成して、最先進の資本主義国としての地位を固めた。

さて、こうなるとGの運動も複雑になる。まずGはWになるわけだが、そのWは商業ではなく生産のためにWになるのだから、これまでのWとは違う。誰かが作った商品を仕入れてGがWになったのではなく、生産のためにGからWになったW、生産要素としてのWである。それは新しい商品を作るための原材料と、その原材料を機械や道具を使って製品に加工する仕事をする労働力、具体的な姿としては労働者である。

この中で労働力は資本が商業を舞台に増殖運動、変身運動を行ってきた時代にも、資本の運動の中に現れてきたのではあるが、いま問題にしているのは資本制生産様式の下での資本の運動である。後で述べるようにこれまでとはまったく違った運動をする。とりあえずの、運動の図式はG—Wであるが、そのWは労働力と、生産のための原材料および機械、道具類（これを生産手段という）の二つに分かれる。労働力はドイツ語で Arbeitskraft（アルバイツクラフト）でAと略す。したがって、資本の運動の図式はまずG—W（A）である。

それから右に述べたようにGが変身する生産要素は、Aのほかに生産手段がある。生産手段はドイツ語で Produktionsmittel（プロドゥクチオンスミッテル）で、Pmと略す。Pmを入れて資本の変身の図を描くとG—W$<\begin{matrix}A\\Pm\end{matrix}$となる。企業の経営の実態でいえば労働力の雇い入れ、賃金の支払いと、原材料及び機械設備・土地建物の購入（いわゆる設備投資）にあたる。

◆生産が行われる

こうして資本の運動は一段と進行する。G—W＜$^{A}_{Pm}$はG—W＜$^{A}_{Pm}$…Pになる。Pは貨幣が労働力と生産手段の二つに分かれて変身した後、その二つが一緒になって新しい商品を作っている最中だ、という意味と思えばよい。Pは例によってドイツ語でProduktion（プロドゥクチオン、生産という意味）の略である。Pの段階になると原材料はもう元の形とは変わっている。しかし、まだ生産の最中で、製品にはなっていない。

こういう状態になっている資本の姿を、簿記用語で仕掛品《しかかりひん》とか半製品などと呼ぶ。つまり経済学でPで表している時の資本が、会計学では仕掛品、半製品である。Pが進行して製品になると、PはW′になる。前にも説明したようにダッシュは「増えた」という意味である。原材料は加工され、新しい商品として生まれたのである。図式に書くとG—W＜$^{A}_{Pm}$…P…W′である。

◆原価計算

実務的には、生産のためにAとPmの価値は消費され、生産のための費用として、新しい商品の原価に入りこんでいくと考える。Aは労務費または人件費、Pmは原材料費と減価償却費という費用である。機械は原材料と違って一回で消費されてなくなるわけではなく、例えば10年持つとすれば、毎年均等に10分の1ずつ価値が減るとか（定額法）、前年に減らした後の残額の、一定率とか（定率法）で価値が減っていくと考えて、その分をその決算期に生産した商品の機械の費用と考える。以上が原価計算の概略である。

◆W′の価値を別の角度から考える

しかし、出来上がった商品の価値はいま説明した原価計算で述べた原価、つまりAとPmの分だけではない。Wにはダッシュがつき、価値が増えている。そうでなければ資本の運動の目的である価値の増殖、お金儲けにならない。しかし、ここで注意しなければならないことがある。労働者は自分の持っている唯一の財産である労働力を商品として資本家に売り渡した。企業は買い入れた労働力を機械を使って消費し、労働力と、生産手段の中の原材料は消えてなくなっている。あるいは原材料はまったく姿を変えている。機械は、見かけた姿はもとのままかもしれないが、価値の面から言うと減価償却の分だけ減っている。つまり原価計算では労務費、原材料費、減価償却費は費用として製品の原価の中に入りこんでいる。しかし、労働者が売り渡した労働力は単に労務費として製品原価の中に入りこんだだけではない。労働者は労働することによって消費された労働力と、原材料と、機械の減価償却分の価値を改めて生産して、製品原価として製品の価値の中に取り入れ、さらにそれ以上に、新しい製品を作り出すことによって、消費され、再び生産された価値以上の価値を生産しているのである。その新しい商品W′は、その価値通りに売れて、元の貨幣の姿に還流すれば、G′となる。こうなれば、資本の価値増殖運動は、$G—W<\begin{matrix}A\\Pm\end{matrix}\cdots P\cdots W'—G'$となって完結する。

◆増えたのはA

こうして資本はGからG′になって資本として自分自身に課された使命を果たす。そこで問題は貨幣が変身して労働力と生産手段になったわけであるが、価値が全体として増えたとして、その増えたのは労働力と生産手段のどっちかということである。

価値の増えた分、記号から言うとW′またはG′のなかで増えた部分を剰余価値という。例によってドイツ語でいうとMehrwert（メーアヴェルト）でMと略す。剰余というと、余分という意味にとられそうであるが、「増えた」という意味である。労働力が働いて、消費した価値を再び生産し、さらにそれ以上に創り出した価値である。これを別の見方から言うと、初めに資本家が投下した資本の内、増殖運動によって増えたのは労働力に投下された資本で、生産手段に投下された資本ではない。そこで労働力に投下された資本を可変資本と呼び、生産手段に投下された資本は、その価値は受動的にW′、製品価値に移行した計算になっているだけだから、不変資本と呼ぶ。「可変」はvariableだからVで表す。また、「不変」はconstantだからCで表す（ここだけはなぜか『資本論』の中でも英語である）。

◆一定の時点で見た資本の状態

資本主義経済に入る一歩手前の商業の時代の資本、つまり商業資本または商人資本の状態を一定の時点で表すと、G＋Wすなわち貨幣と商品であった。儲かった部分もあるのだから、その部分はW′とかG′だと考えられなくもないが、労働者の労働で増殖した価値で増えたものではないと考えて、G＋

Wとしておく。資本主義経済の時代、工業の時代に入るとずっと複雑になる。資本は商業資本の時代と同じように、一定の時点で色々な姿をとるが、資本の増殖運動の色々な段階部分に分かれて同時に存在している。だから全体の資本は、企業として設立されたときにはGだけだが、労働者を雇って給料を払い、原材料と機械設備を買い入れた段階では、G＋A＋Pmになる。全面的に活動している時の資本の姿は、先に説明した資本の価値増殖運動の式と同じような内容で、G＋Pm＋P＋W′＋G′＋Mである。労働者に支払われた資本、AはPに含まれると考える。労働者は彼らに支払われた資本の化身である。資本家にとっては、労働者は彼らに支払われた貨幣の化身で、人間であることは忘れられている。

◆複式簿記で表現する

以上のように、資本の運動はそのままの姿としては、なかなか表現するのは難しい。また、我々のように、資本主義に対して批判的な立場から観察しているものだけでなく、資本家、企業経営者、投資家、政府などにとっても、資本の運動状態は正確に把握したいところである。また、アメリカの1933年証券法以下の投資契約規制諸立法、日本の金融商品取引法など、法的にも企業は情報の開示を要求される。この情報の主体は会計情報であり、会計情報の作成技術は複式簿記である。

したがって、我々にとっても会計情報は重要な情報であり、それを理解するためには少なくとも複式簿記の基本原理は知っておく必要がある。情報なしでは、先の大戦で甚だ劣悪な情報環境の下に優れた情報組織を持ったアメリカと戦って惨敗した日本の陸海軍と同じことになる。

複式簿記による情報の中核は貸借対照表、英語でいえばバランス・シート（balance sheet, B/S）である。T字系の表で、左側はその企業に出資された資本、スタート時点では貨幣が、増殖するために変身して活動する色々な具体的な姿が記載されている。つまり、我々が分析の対象とする現実の資本の運動状態が書かれている。先に説明したように資本の価値増殖運動の状態を一定の時点で見ると、G、W（A＋Pm）、P、W′、G′という、資本の運動の各段階の姿が、全部同時に存在している、その具体的な形である。

◆経済学上の資本と簿記上の資本

ここで間違えやすいのはT字形の右側の「資本及び負債の部」に資本という項目があることである。これは貸借対照表の左側に書いてある、現実の資本が、自分のお金つまり自己資本だけでなく、銀行などから借りたお金つまり他人資本も一緒になっているからである。まず資本金１００億円で会社を設立したとしよう。設立のための色々な費用はこの際無視するとして、その時点の貸借対照表は左側に銀行預金１００億円、右側に資本金１００億円と書いてあるはずである。

次に、銀行から１００億円借りたとしよう。その時点での貸借対照表は、左側には預金２００億円、右側には借入金１００億円、資本金１００億円となっている。つまり現実にこれから変身し、増殖運動をしようとしている、経済学上の資本は左側の預金２００億円で、右側の記載は左側の２００億円の内100億円は借りたもの、もう100億円は株主が払い込んだものです、と内訳を示している。経済の中でこれから増殖運動をしようとしている現実の資本は左側の200億円で、右側はその内訳表という抽象的なものである。

左側の、初めは預金というGの姿をしていた資本は、それからAやPmに変わり、それからPやW′など色々な姿をとる。その中で例えばPmは生産手段で、さらにそのうち20億円は原材料の在庫だとすると、20億円のうちの10億円は銀行のもの、もう10億円は会社（株主）のもの、と抽象的には考えることも出来る。左側の現実の資本、具体的には色々な資産の各々に対する所有、あるいは権利を表しているようなものである。

◆利益が出てもお金が増えるとは限らない

価値増殖運動を行っているのだから、左側の資本、具体的には色々な資産、はやがて増える。利益は商品として出ていった資本が貨幣として戻ってきた売り上げ代金の中に含まれているわけであるが、こうして戻ってきた資本は、いつまでも貨幣の姿をしているわけではない。すぐまた原材料や労働者（支払った人件費）の姿に変わる。利益の分を貨幣の形で取って置くわけではない。決算は一定期間でどのくらい儲かったかを計算する作業であるが、それは期末の色々な姿をしている資産を、現金ならいくらになるかと評価しその総計から、銀行借り入れや、原材料を買ったけれどまだ代金を支払っていない分などの負債を計算して左側の資産の総額から差し引いた純資産を計算する。そして、前期末の純資産と比べて増えていれば利益、減っていれば損失、となる。考えてみると、そもそも純資産は計算の結果で抽象的なものである。抽象的なものから抽象的なものを差し引いたものが利益なのだから、利益というものはまったく抽象的なもの、計算の産物である。だから巨額の利益が出ても、会社の金庫も銀行の口座の残高も、ちょっとしかないということもありうる。むしろたくさんの利益が出る好況の時の方が、会社は増産や設備の拡張で支出が多く手元にお金がないのが普通である。だから利益の中から配当金を株主に支払うために、銀行に借り入れを申し込むということは、例えば、日本の高度成長期には、ごく普通のことであった。

ところが、その後、これが逆転する。20世紀末の20～30年間あたりから資本主義経済は日本も世界も停滞期に入り、特に重化学工業は設備過剰ということになった。それ以後21世紀に入っても、成長した産業はもちろんあるのであるが、巨大な設備を必要とする産業はない。つまり価値増殖運動をしている資本の内で機械設備に投下されている部分の比率が小さい（これを資本の有機的構成が低いという）産業が多くなった。そうなると今度は企業は還流してきたお金のかなりの部分が出ていかないことになった。後で詳しく説明するが、20世紀末以来、とりわけ21世紀に入って安倍晋三首相が任命した黒田東彦日本銀行総裁になって以来、日銀は極端な金融緩和政策、市中の銀行に貨幣を供給する政策を取り始めた。具体的には銀行が持っている国債を買い上げ、その代金を市中銀行が日銀に置いている当座預金口座の残高として積み上げるのである。市中銀行はこれを見合い（対応するということ）に企業に貸し出しを行う。それで企業に設備投資など、資本の運動を活発にやらせようというわけである。ところが企業はちっとも借りに来ない。先ほど言ったように還流してきた資本も出ていかず、企業は手元に余裕金が百何十兆円もあるからである。そのうえ、事業が不振で採算の悪い部門をほかの企業に売る所が出始めた。その代金が入ってきて、景気は良くないのにますます手元にお金はダブつくようになった。景気の良し悪しとお金のあるなしは別である。

◆自己資本

先に銀行預金100億円で会社を設立すると貸借対照表の左側（借方）に銀行預金、右側（貸方）に資本金と記載されると書いた。左側の、経済学上の資本増殖運動をしている価値としての資本は、当初は貨幣、Gの姿であるが、色々な姿に変身し、増殖運動をする。年1回とか2回とか期間を定めて、その間に純資産、右側の資本金が、どのくらい増えたか減ったかを計算する。これらの言葉は色々な意味を持っていて間違えやすい。左側（借方資産の部とたいてい書いてある）にある貨幣は具体的に現金、銀行預金とあるが、右側の貸方負債及び資本の部にはそれがどこから来たか、言い換えれば、それは誰のものか、と言う観点からまず株主から来たという意味で資本金があり、社債を発行して投資家からきたという意味で社債、それから銀行から借りてきたという意味で銀行借入金である。左側資産の部の貨幣、現金と銀行預金を足したものは、それがどこからきたかという点では会社のスタート時点では資本金、社債、銀行借入の三つの連合軍である。そして、これが色々な資産の形に変化してゆく。そのほか、貨幣の形を経由しないで資本の運動に参加するものもある。機械や原材料を買ってまだ代金を払ってないときは、左側の資産の部に機械とか原材料とか記載され、資産が増えるが、その代わりにまだ代金を払ってないので負債も増えたとして、右側に買掛金という負債が記載される。このように会社の資産と負債は色々な形をとっているが、会社を設立して支度を整えたが、まだ活動していないので、儲かりも損もしていないときは、純資産の額は資本金と同じになる。また、全部の資産から負債全部を引いたものつまり純資産は、そのまま全部自分のもの、会社のものだからそれを自己資本という。借りたお金と、資産として帳簿には載っているが、まだ代金を払っていない分は負債として計上し、これを他人資本という。

会社が活動して、つまり資本の増殖活動をして、利益が出、純資産が増え、言い換えれば資本が増えると、株主が出資したお金つまり資本金と、金額が違ってくる。増えた分は剰余金として別に記載する。剰余金を含む資本と資本金とは別のものである。しかし、双方とも株主のものという点では同じものである。そういう意味で、会社が株式会社である場合には資本金と剰余金を足したものを株主勘定という言い方もある。通常利益金の一部を株主に配当として支払うが、払っても払わなくても株主のものという点では同じで、会社に置いておくか、株主の懐に移すかは、株主次第である。配当として支払った分を社外流出という。支払わないで会社に留めておく分を内部留保という。どちらにするにしても、株主総会の議決を要する。ただ利益金といっても、これまで説明したように計算上のことだけなので、それだけのお金が会社にあるわけではない。

4　資本の運動の絡み合い

◆どこに売るのか?

これまで説明したように、資本の価値増殖運動は貨幣で始まり、貨幣で終わる。記号で示すと$G—W<\begin{matrix}A\\Pm\end{matrix}\cdots P\cdots W'—G'$である。運動の前半の部分はその企業がお金を持っていて、労働者から労働力と言う商品を、それから他の企業から生産手段という商品を買う。ここまでその立場は買い手の立場である。それから真ん中のPの所を挟んで後半の部分は、真ん中のPの所で生産を行った結果として生まれた価値によって、Wがより大きな価値の商品W'という姿になり、それを誰かに買ってもらおうという売り手の立場である。

問題は、前半部分では、こちらが買いたい商品を誰が売ってくれるのか、そして後半部分では、こちらが売りたい商品を誰が買ってくれるのか、である。

こちらが増殖運動をしたくても、買いたい商品つまり労働力と生産手段の売り手、つまり労働者と機械、原材料のメーカーが居なければ運動は成り立たない。そして、生産した商品の買い手が居なければ、やはり成り立たない。この問題をマルクスは『資本論』の第Ⅱ巻の「資本の流通過程」の中で、社会全体の生産と消費の構造を示す表式を使って説明した。前章では資本がいかに運動するか、運動して増殖していくか、を説明した。これをマルクスは資本の生産過程と呼び、『資本論』の第Ⅰ巻で説明した。その運動が成り立つための条件としての資本の運動を、マルクスは資本の流通と呼んだわけである。

◆生産された商品の価値を分解する

生産された商品の価値はW′で表す。これから説明するようにこの価値は全部労働者が生産したものである。生産のために資本は一部は労働力に変身し、一部は生産手段＝原材料と機械に変身している。労働者は自分の労働力を商品として売ったのであるが、労働力は彼の体から離れるわけではない。彼は自分の労働力を使って、言い換えれば、売り渡した労働力の価値を消費しながら、労働する。そして同時に、生産手段の価値も消費する。そして、新しい商品を生産する。この消費された労働力と生産手段の価値は、企業、資本家の眼から見ると生産された商品のコストである。そして、労働者は消費された労働力と生産手段の価値を再び生産すると同時にそれ以上の価値を、つまりコスト以上の価値を生産する。出来上がった商品の価値は消費された労働力と生産手段の価値の再生産部分とそれ以上に生産された部分を足したものである。

◆W′の価値の内訳

出来上がった商品W′の価値はこれまで説明したように、生産のために投入され消費されたAとPmの価値を再生産したものと、それ以上に労働者が生産した部分（M）を足したものである。だからW′＝A＋Pm＋Mということになる。このうちAの価値は増える、つまり変わるのだから、Aに投下された部分の資本のことをV、可変資本と言い、Pmに投下された部分の資本のことをC、不変資本と言うことを、前に説明した。だから出来上がった商品の価値の内訳を表すW′＝A＋Pm＋Mという式は、投入された資本と生まれた剰余価値を示す式として書き直すと、W′＝C＋V＋Mということになる。

しかし、ここでもう一つ考えなければならないことがある。資本の運動は$G—W<^{Pm}_{A}$で始まるが、AになったGは労働者にとっては彼の賃金であり、彼の所得である。それは彼の労働力を商品として売り渡した代金であるが、労働力は彼の生身の体から離れるわけではない。だから資本家の眼から見ると労働者は彼の資本の一部であり、Aの化身であるが、労働者は明日も、来月も、働くためには食べて、休養して、労働力を再生産しなければならない。そのためには衣食住に関わる消費物資、生活手段を、購入しなければならない。だから、労働者は資本家の観点から見ると、資本の一部であるVの化身として、消費財、生活手段の買い手として行動する。その消費財、労働者が生きていくための手段はやはり資本が価値増殖のために運動した結果として生産されたものである。だから、やはり資本の化身である。そして、労働者が生活手段を買うということは、実は資本と資本が交換されるということである。

資本の運動のもう一つの部分であるPmも、機械や原材料の購入のための資本、不変資本として行動する。購入される機械も原材料も他の資本の価値増殖運動の産物である。だからここでも、資本と資本が交換されている。つまり資本が流通している。また、社会的な総生産物としてのW′は、大きく分けて生産手段と生活手段（消費財）に分かれ、そして、交換されているということである。

◆2部門分割――再生産表式

以上のような考え方に立って、マルクスは社会の総生産物を二つの部門に分け、生産手段を生産する部門を第Ⅰ部門、消費財を生産する部門を第Ⅱ部門と名付けた。したがって、W′の内訳を示す式も二つに分かれ、次のようになる。

ⅠW′＝ⅠC＋ⅠV＋ⅠM

ⅡW′＝ⅡC＋ⅡV＋ⅡM

この式は資本が価値増殖運動を続けていくための商品の流通関係を表しているので、「再生産表式」と呼ばれる。それはどういうことかというと、両部門の商品ⅠW′とⅡW′が売れたとしてその代金の内のⅠCとⅡCの分は、生産を続けるためにはⅠ部門の商品である機械と原材料を買いにゆくための代金に充てなければならない。ⅠCとⅡCはⅠW′の大事なお客様である。

また、ⅠVとⅡVの部分のお金は、やはり生産を続けるためには、労働者に支払わなければならない。そして、労働者は生きていくためにはそのお金で、消費財、つまりⅡ部門の生産物を買いに行かなければならない。社会的な賃金の支払い総額は、Ⅱ部門の生産物の大切なお客様である。

ただし右の説明はM、経済学的には剰余価値、経営的には利益が、実際にはどう使われてゆくか、例えば、生産の拡大のために使われるか、それとも株主に配当金として支払われるかなどによって違ってくるが、それは省略してある。しかし、基本的な構造は変わらない。

◆資本の運動を決めるのは資本の増殖運動

このように見ると、資本の運動の結果としての生産物である商品を、売るのも買うのも資本の増殖運動のためであることが分かるであろう。つまり資本の運動はお互いに絡み合っているのである。しかし、この基本原理は資本主義の基本原理と合わない。運動の絡み合いは双方の金額が同じでないとうまく行かないが、資本主義経済の基本原理は自由な、無政府的な生産である。そして、資本は価値増殖のための自由な運動態である。利益を増やすためには支払いは少ないほうが良いに決まっている。賃金は下げよう、下げようとする。しかし、賃金を下げて消費が増えるわけがない。それにたくさん売って儲けようとするのは資本の基本的な行動原理である。たくさん作っても消費は増えるとは限らない。過剰生産になるのは当たり前である。だから恐慌が起こる。再生産表式は資本主義経済が成り立つための条件を示す式である。しかし同時に、成り立たないことを示す式でもある。このことに限らず、すべてのことは矛盾しているというのがマルクスの考え方である。

再生産表式を分析し、また、それに従って現実の経済を分析しようとするのを再生産表式分析という。旧ソ連からアメリカへ亡命した経済学者レオンチェフは、再生産表式分析を拡張して、部門をたくさん増やした産業連関の式を作り、産業連関分析の理論を作った。

5　資本主義は永遠に続くのか?

◆資本主義は自動的に崩壊するか?

これまで資本主義経済の基本原理について説明してきた。この本の本論である第Ⅱ部で、資本が価値増殖する、別の言い方をすれば、蓄積する、その運動の仕方が色々と変化していることについて説明するので、その前に資本の価値増殖運動の、基本形について読者に説明しようと思ったわけである。その中で、資本の価値増殖運動の方式が、あるいは、二つの部門に分割された再生産表式の形を取った資本の運動の方式が、資本主義が成り立つための方式であると同時に、成り立たない方式でもあるという、ちょっと難しい話をした。

資本主義経済は永遠に続くのであろうか、それとも、ある所まで行くと行き詰まって自動的に崩壊するのであろうか?

資本主義が「成り立つと同時に成り立たない、しかし成り立たないと同時に成り立つ。」という矛盾を如実に表しているのが景気循環と恐慌である。資本が好況に酔いしれると必ず次に恐慌が爆発する。これが段々ひどくなり、資本主義経済がもたなくなると考えるのが自動崩壊説である。そして、そのあとに社会主義社会が来る、と多くのマルクス主義者は考えていた。また、多くの経済学者が現代の資本主義の問題を考える時、旧ソ連と中国、とくにソ連の存在を、確固としたものととらえ、資本主義の次には必ず社会主義になる何よりの証拠と捉えていた。

ところが、ソ連は成立後70年余りであっけなく崩壊してしまった。そこで多くのマルクス経済学者は自信を失い、マルクス主義を修正する人が続出した。中にはマルクス経済学を自称しているけれども、一番基本の所でマルクス主義と無縁の理論もあり、ソ連崩壊後、むしろ元気づいたように見える人々もいた。しかし、20世紀末のソ連崩壊に続いて21世紀に入った途端、とんでもない大恐慌が爆発し、アメリカを中心に世界中に飛び火した。「危機」の二文字が世界中を覆った。そこで今度は、「やっぱり資本主義はダメだ」「いよいよ資本主義は終わりに近づいた」という主張が、雨後の筍の如くに現れた。だが事態はまたまた逆転し、巨額の財政資金と中央銀行の資金援助によって金融機関は救済され、産業資本でもゼネラルモーターズが倒産の危機から救済された。資本主義はまたもや息を吹き返してしまったのであった。

◆資本制蓄積の一般法則

資本主義経済は自動崩壊などしない。恐慌は回復する。しかし、それは労働者の犠牲においてである。金融機関の支払い不能を国と中央銀行の資金供給で救済し、危機を逃れた後、資本主義経済を恐慌から立ち直らせる手段は、恐慌の原因となった過剰をカットし、利潤率を回復することである。そのためには工場を閉鎖し、儲からない生産部門を売却し、労働者を大量に解雇する。そして、残った労働者賃金は切り下げる。そこで大量の失業者が生まれる。そして、その失業者は温存されるのである。マルクスは、景気が立ち直り、生産が回復してくると、労働者の雇用も増やさなければならないが、そのためにはたくさんの失業者が存在していなければならない。だから、失業者が存在していることが資本主義経済が成り立つための条件だと言っている。言い換えれば、恐慌から立ち直るためには大量の労働者が職場から放り出し、次いで価値増殖運動、資本蓄積運動を再び上昇させるためには、放り出した労働者を再吸収する。だから飢餓に直面し、非人間的な生活環境の中で辛うじて生きてきた大量の失業者がいなくては困るのだ、と言っている。マルクスは失業者を産業予備軍と呼び、これが資本制生産様式の存在条件、資本制蓄積の一般法則だ、としている（『資本論』第I巻、第7編、第23章「資本制蓄積の一般法則」）。

◆労働者の抵抗と対策

恐慌のたびごとに生活の場から放り出され、資本の増殖運動のために失業者の群れとして温存されるのが労働者であるとすれば、資本の運動のためにはまことに都合の良い話であるが、労働者にとってはまことにけしからぬ話である。とするとこの不条理な関係が続くか続かないかは、突き詰めると、労働者がいつまでも我慢するか、抵抗してこの関係を破棄するかにかかっている。マルクスは労働者の抵抗が段々と増大してこの関係が爆破されるとしている（『資本論』第I巻、第7編、第24章）。

マルクスのこの指摘の後、労働者の抵抗はどうなったであろうか？

マルクスが『資本論』を書いたのは19世紀半ばであるが、20世紀に入って抵抗はロシア革命と中国の中華人民共和国の建国として爆発した。社会主義の国が生まれたのである。社会主義経済については、次の「6」で説明する。そして、もう一つの現象が現れた。それは労働者の不満を労働者保護立法や資本の行動の規制などの、多少の譲歩によってなだめ、あるいはごまかすことと、色々な新しい産業を作り出し、新しい商品やサービスによって人間の欲望を刺激し、中にはあってもなくてもよいもの、時としては有害なものまでも作り出し、強引に需要を創出して恐慌を回避しようとする動きである。このために現れた変化を、現代の資本主義の色々な現象として、第Ⅱ部、この本の本論で説明する。

6　社会主義について

◆組織化された資本主義から？

社会主義とは生産手段が資本家の私有ではなく、人々みんなの所有つまり社会的所有であり、生産は資本の価値増殖つまりお金儲けのためではなく、人々の生活のために必要なものを作る生産様式である。そうであるのが当たり前の生産と消費のやり方である。そのような社会は、資本主義からどのようにして移行し、どのように建設されるのであろうか？

これまで述べたように、マルクスは恐慌が繰り返して起こり、それを解決するために労働者への抑圧が強化されてゆく。賃金が切り下げられ、首を切られて街頭に放り出される。しかし、労働者の抵抗も段々と強くなり、遂に労働者階級が権力を握って「収奪者が収奪される（労働者階級が生産手段を資本家の手から奪い取ること）」と書いている（『資本論』第I巻、第7編、第24章）。しかし、資本主義から社会主義への移行について、具体的なことは何も書いていない。

それは当たり前で、マルクスが『資本論』を書いたのは19世紀の半ばを過ぎたころで、資本主義が成立してからまだ100年くらい（国によって違うが）で、生産力としては発展の真最中であった。しかし、発展とともに弊害も大きくなり、労働者の苦しみが増したから、哲学者で革命家であったマルクスは、経済学を研究し、『資本論』などたくさんの経済学の著作を書いたわけである。そして、予想に反して資本主義の先進国ではなく、資本主義の国としては後発の国で社会主義革命が起こった。

マルクスの予言の後、20世紀に入ってから、まず1917年にロシア革命が起こってソ連邦が生まれ、次いで49年に中国共産党が抗日戦と国民党との内戦に勝利して、中華人民共和国が成立した。そして、ソ連は約70年の後崩壊して資本主義国ロシアに戻ってしまったが、中国は毛沢東の指導の下で一時混乱したが、鄧小平以後爆発的な経済成長を達成した。しかし、現在の中国経済が社会主義経済であるかどうかについては評価が定まっていない。中国自身では「社会主義市場経済」と言っている。しかし、資本主義ではないかという人さえいる。市場経済とは、市場における価格競争を経て生産と消費が決定される経済であるとすれば、それは社会主義とは言えないし、現実に資本家、大富豪がいるからである。また、資本主義の巨大企業が存在している。然《しか》し旧ソ連・中国とも壮大かつ貴重な実験であり、我々はそこから多くのことを学ぶことが出来る。

資本主義から社会主義にどのようにして移行するかという問題を考える際に、われわれが考えさせられる問題は、マルクスが、資本主義経済は発展するとともに独占・集中が進むが、それとともに組織化が進み、一方その中で労働者階級も組織化が進んで、力をつけ、抵抗が激しくなる。その結果資本の権力が爆破され、権力が労働者に移行すれば、組織化された生産力の所有もそのまま移行して社会化され、それで簡単に社会主義経済になるという風にとれるように書いているところがあることである。これに影響されたと思われるのがエンゲルスで(『空想から科学へ』)、組織化された資本主義経済は、権力を奪取して生産手段の所有を社会的所有に改めれば生産と所有の仕組みはそのまま社会主義になると考えたのではないかと思われる。資本主義は発展すると独占・集中がとことんまで進み、組織化されるという「組織化された資本主義」という考え方は、ドイツのヒルファーディングや、アメリカのガルブレイスなどの著作にも見受けられる。もしこのような「組織化された資本主義をそっくりそのまま移行する」という考え方が正しければ、ことは簡単である。

◆所有と経営、そしてインセンティヴ

ところが、そう簡単に行かなかったということは否定し難い事実である。一つの見方として「ロシアも中国も、資本主義経済が欧米の資本主義先進国のように発展していない段階で革命が起こったか

らうまく行かなかったのだ。」という見方もある。確かにロシアも中国も資本主義国としては後発で、そこに社会主義経済を建設するには問題も多かったと思われるが、これも簡単に割り切り過ぎた見方のように思われる。ともかく資本主義経済を社会主義経済に作り替えるという課題は複雑であり難しい。ロシアでも中国でも、社会主義経済の建設を遂行した人々は企業経営の経験も殆どまったくないままに取り組み、予想もしなかった多くの問題に遭遇したであろうと思われる。

筆者は旧ソ連や現代中国について専門的に研究したこともなく、この問題について見解を述べる資格はないのであるが、筆者なりに問題を整理してみよう。筆者は大学で多くの中国からの留学生を教えた経験があるが、鄧小平以前の国有企業に勤務した経験を持つ学生も多く、彼らは筆者にとって中国の社会主義経済についての貴重な先生であった。ある時その中の一人の大学院生に中国企業の設備の減価償却について質問したら、中国では工場も機械設備も原材料も国のもので企業のものではありませんから、企業にとっての減価償却はありませんという答えであった。従業員の給料も国が払ってくれます、その代わり売り上げは国のもので企業には入って来ません、とのことである。当たり前のことで筆者の無知をさらけ出したわけである。

この時の学生の説明に従えば、鄧小平の改革開放以前の中国の企業では、資産はすべて直接的かつ徹底的な国有であり、企業には資産はないことになる。当たり前だが貸借対照表もない。固定資産がない以上減価償却があるはずがない。減価償却がなく、原材料も給料も国が払ってくれるのであれば、原価計算があるはずがない。前に説明したように、機械は減価償却しながらも、平均年齢が古くならないように気を付けなければならない。古くなればガタが来て、精度が落ち、製品の歩留まりが落ちて採算に重大な影響を及ぼす。しかし、機械も原材料も国のものだということになればそんなことは気にならない。コスト管理などなくなる。能率向上、コスト切り下げなど問題にならない。言い換えればインセンティヴが生まれ難い。

これは社会主義における生産手段の所有に関する基本問題である。所有形態が実は生産に直接影響するということである。投資、生産量、そして、製品価格も国の計画当局が決定し、企業のものではない生産設備で生産し、売り上げ代金は直接国庫に帰属するのであれば、経営にインセンティヴが生まれるのは難しいであろう。生産設備の維持補修、更新に対する関心も薄れ、企業と労働者は、計画当局が決定した製品の規格と生産量を無感動に達成しようとするだけになりがちである。いわゆるノルマの経済で、旧ソ連の停滞した経済の実相はこのようなものではなかったろうかと想像される。現代中国においても、インセンティヴの問題は重要なものと捉えられているようである。

◆間接的社会所有にしたのか？　資本主義にしたのか？

右に述べたような、所有と経営に関する社会主義の、旧ソ連と鄧小平以前の中国における実験は残念ながら成功せず、両国とも経済の共通した特徴は停滞であった。そして、旧ソ連では強固な官僚体制とスターリンの独裁による反対意見の完全な封殺という状況を打破しようとしたゴルバチョフの改革が失敗するとともに体制の終焉を迎えてしまった。現代のロシア経済は官僚指導の下での国有企業資本主義とでもいうような経済であろうかと想像される。これに対して中国では、「文化大革命」の後、鄧小平によって改革開放という名の下に、毛沢東的な社会主義経済の大修整が行われたわけであるが、筆者にはよく分かっていないというのが正直な所である。中国では公式には社会主義市場経済という、われわれにとっては矛盾したような呼称が用いられているが、中国の経済を、資本主義と呼ぶべきか、社会主義と呼ぶべきかは、確かに難しい問題である。

まず、中心的な問題である生産手段の所有に関してであるが、私有が認められ、資本家の存在が認められた。これだけを見れば立派な資本主義である。そして、事業経営形態においては株式会社制度が導入された。農村においては、人民公社が廃止され、土地は基本的には国有であるが日常的には私的農業経営が行われている。ただし公共事業を行う時や、地方政府が都市の開発事業を行う時など、住民は容赦なく立ち退かされている。

株式会社は資本主義経済での基本的な所有と経営の形態であるから、企業形態がほとんど株式会社形態になったのであれば、資本主義化したとしか言いようがないのかもしれないが、その発行株式のすべてか、少なくとも過半数を国が所有する国有企業が、有力大企業の大部分を占めているというのであれば、必ずしもそうは言えない。生産手段の社会的な所有が、間接的になっただけで所有関係は変わっていないのではないかとも言えそうである。事実としては中国の主要企業と有力銀行はすべて国有で、資本主義国の株式会社のように株主総会が最高議決機関で、したがって、発行株式の過半数を所有する株主が経営の実権を握っている、ということはない。株式の少なくとも過半数は国が握り、共産党が指導している。

しかし、一方では中小企業は一般に民有であり、中にはかなりの規模に成長した民有企業も存在するようである。それに民有企業のオーナー経営者のみならず、国有企業の経営者も一般的に大富豪である。金融機関でも、大銀行は国有であるが、地方銀行の多くは民有である。それに地縁血縁の強い社会であるから、地域相互金融が広範に存在しているようである。さらに外資であるが、２０１８年の党大会の後、習近平主席は外資が発行株式の過半数を所有するのを認める考えを明らかにしている。このように見ると、企業の所有に関する限りなかなか複雑で、筆者のように日本から観察しているだけの者には、所有に関しても何とも言えないようである。

◆経営の改革

中国は企業形態に株式会社組織をとりいれ、生産手段の直接的な社会的所有には修正を加えたが、旧ソ連は産業はすべて国有の、いわば官業であって、産業の数だけ省があるのではないかと言われるほどであった。つまり、産業の組織も官僚機構の一部のようなもので、旧ソ連の産業の非効率と停滞は有名な事実であるが、それに対して中国が急速な産業発展を遂げた理由の一つとして企業経営の改革があげられよう。旧ソ連でも革命直後、レーニンは、「これからは大いにアメリカに人を派遣して、先進国の経済のやり方を学び、取り入れよう」と言っていたと伝えられるが、アメリカを始め先進資本主義諸国は、生まれたばかりの労働者と農民の国を取り潰すべく、四方から侵入して干渉戦争を始めた。各国の軍隊が撤収した後も占領を続け、最も執拗に干渉戦争を続けたのは日本である。旧ソ連は孤立し、一国社会主義の名の下に世界経済から隔絶し、主要国との敵対関係、莫大な軍事費負担の下で経済建設を図ることを余儀なくされた。アメリカにたくさんの留学生を派遣し、進んだ企業経営技術を取り入れることなど、どこかに飛んで行ってしまったのであった。

中国は鄧小平以後、改革開放の名の下に、大胆かつ巧妙な外国企業の進出の受け入れを行った。外国企業の単独の進出は許さず、国有企業との合弁を強制し、持ち株比率も過半数所有は許さなかったが、電機・電子工業、自動車工業などの、現代経済の中核産業には大胆に外国資本の進出を認めた。こうした外資の大胆な受け入れによって得た最大のものは、生産技術の吸収と並んで経営のやり方であったと思われる。

経済の基礎である第I部門の中でも中心産業である鉄鋼業は、旧満州の鉄鋼生産設備を引き継いだほか、揚子江流域の宝山に新しい製鉄所を建設して、その後の世界一の鉄鋼生産国となる基礎を作ったが、それは完全に日本の鉄鋼業の技術支援の下に行われた。

また、こうした直接的な生産技術の吸収の外、経営管理、生産管理、品質管理、労務管理などの管理技術も、急速に外国企業から吸収した。そして、人材の育成については、優秀な学生を大量にアメリカに留学させた。これらは旧ソ連の経済建設では、完全に欠如していたことである。

◆強力な計画と実行、過剰の吸収

以上のように観察を進めると、中国の経済は、間接的な社会的所有の下での資本主義的な経営によって運営されていると思われるかもしれない。「国家資本主義」だという論者もいる。しかし、そのように割り切れない大きな要素がある。その第一はあらゆる経営単位における共産党組織の存在とそれによる指導、そして計画である。

筆者はわが国の占領時代の連合国軍総司令部、いわゆるGHQの経済科学局にいて、日本経済の再建計画に携わり、帰国後地方の小銀行の社長になった友人から、ミズーリ州の彼の家で「お前の国はイデオロギーは別としてやったことは社会主義じゃないか」と言われたことがある。敗戦直後の日本は徹底的な統制経済で、カネは日銀で、モノは産業ごとに設立された公団で、完全に統制された。そして、戦前の生産水準に回復したのち、既成の産業設備は近代化され、新しい産業設備が計画的に建設された。しかし、それは戦後の日本では資金と物資の極端な不足があり、国際的にも供給余力がなかったために、それが強力な統制を実施する原動力となったからである。そして、中華人民共和国の建国によってアメリカの極東戦略が転換し、日本をソ連と中国に対する防壁として利用するのが基本方針となり、現実的にも朝鮮戦争特需という予想外の巨大な需要による高利潤によって日本経済は再建され、統制は解除された（金利の統制は1980年代まで継続された）。

これに対して改革開放後の中国では、市場経済に移行したとは言うものの、各企業には共産党の組織があり、政府（具体的には国務院の発展改革委員会）の強力な計画と指導の下に経営が行われている。２１世紀初頭までに、世界の工場とまで言われた強力な工業生産力が建設されたが、その最大の基礎としての豊富な労働人口、いわゆる人口ボーナス（全人口の内で生産年齢の比重が高い状態のこと）は、２１世紀初頭をピークとして消滅に向かい、高齢化社会に移行している。これに対しても計画当局は機敏に反応し、２０１５年には、２５年を目標として製造業の全面的かつ根本的な高度化・自動化計画が策定され（１５年発表「中国製造２０２５年」計画）、２０１０年代半ば以降から全産業に亘って生産の自動化、ロボット化が強力に進められている。

およそ企業経営にとって投資の決定はもっとも重要な事項であり、慎重にならざるを得ない。失敗すれば過剰設備となり、企業の運命に関わるからである。したがって通常投資は、予想が楽観的になる景気上昇の後半期に集中し、過剰が形成され、恐慌になる。２０１０年代後半から果敢に遂行されている工場自動化投資は資本主義経済にとってはほとんど不可能なことではあるまいか、逆に言えば社会主義計画経済でなければ不可能なことではあるまいかと筆者には思われる。

また、右に述べたことを別の面から言うと、過剰投資の吸収の問題がある。右でも言ったことであるが、過剰に投資すれば恐慌になる。言い換えれば恐慌で過剰を吸収する。それが資本主義というものである。中国では２０１０年代後半において既に、かなりの過剰が存在しているように思われる。しかし、非効率で、製品の品質が劣悪な企業は、政府によって強制的に閉鎖されているようである。そして、あとには返済不能になった債務が残る。逆方向から見ると貸した側、つまり、銀行の不良貸出、不良資産が残る。これは2010年代後半の現在、相当の額になっているのではないかと推測されている。資本主義経済においては金融恐慌の原因になる。だが恐慌にならない。

この銀行の不良資産は筆者の推測では、小銀行から大銀行へ、大銀行から大国立銀行へと吸収され、遂には中国人民銀行へ、そして、最終的には財政に吸収されるのではあるまいかと思われる。これは中国独自の過剰投資の処理法であろう。また、企業の返済困難の債務、銀行の不良資産の株式化を政府の指導によって進めている。つまり企業は債務を株式に転換して、銀行がその株式の株主になるという形で、支払い不能＝倒産に至るのを防ぐというわけである。このように過剰投資、不良資産を銀行、国有銀行、人民銀行、という形に集中し、最後には財政によって処理するという方法を取ることが出来るとすれば、それは中央銀行が銀行というよりは政府機関という性格のものであることが根底にある。中国人民銀行は世界各国の中央銀行のように形式的にもせよ独立した存在ではない。国務院、すなわち内閣の一部局である。つまり極めて社会主義的な中央銀行である。あるいは社会主義市場経済の中で、最も社会主義的な部分かもしれない。

Ⅱ　現代の資本主義経済

1　資本主義は変わったか?

◆いつから資本主義なのか?

そもそも資本主義経済はいつごろから始まったのか、と聞かれても、答えるのは結構難しい。マルクスは「封建制の胎内で育つ」と言っているのであるが、どのくらい育ってから封建制でなくなって資本制になったかはまた別の問題である。「I」の基礎知識の所でも書いたが、マルクスは「経済が資本主義になっている」という意味で「資本制生産様式が支配的になっている社会」と『資本論』の冒頭に書いている。「支配的になっている」という言葉は、ドイツ語のヘルシェン(herrschen)の訳で、「大部分がそうである」とか、「広まっている」という意味である。「大部分」というのは、資本主義が発展した国であっても、どこかで、人を雇わないで職人が一人で何かのものを作っている所があるとか、農家によくある例であるが、消費するものの中に、自分で作ったもの、つまり、自給自足のものがかなりあるとか、何かのものの修繕をするのを一人で業としている人がいるなどということはよくあることだからである。また、資本主義になったといっても、結構長い年月の間に段々と資本主義になったのであって、わずか数年の間に資本主義になったのではない。ましてや現在資本主義経済が支配的になっている先進資本主義諸国も、段々と広がっていったのであって、短期間で一度に資本主義に変わったわけではない。

では、世界の中でどこの国が最初に、大体いつ頃、資本主義経済になったのかというと、それはイギリスからだという点では誰も異存はないはずである。いつごろからだと言うと、産業革命が起こって生産力が大発展したのが18世紀の後半だから、その前に労働者が工場に集められて労働しているが、まだ機械を使っていない「工場制手工業」の形で資本主義が段々と広がっていたことを含めて考えて、「支配的になった」のは大雑把に言って1700年代、18世紀頃からと考えても大きな間違いはないであろう。

しかし、それからもう300年くらいは経っている。そして、その間に資本主義はイギリスからドイツやフランスを中心に大陸ヨーロッパ諸国に広がり、また、イギリスの植民地であったアメリカに広がった。とりわけアメリカ合衆国では内戦（日本でいう南北戦争）の終結と大陸横断鉄道その他の鉄道網の敷設によって、怒涛のような経済発展が進行した。さらに19世紀後半にアジアに飛び火して、急速に資本主義化を進めた日本は20世紀後半に重化学工業化を達成してアメリカに次ぐGDP大国になり、そして、20世紀の最後の4分の1世紀に中国が社会主義権力と計画・統制の中に資本主義を取り入れた独自の生産様式の下で驚異的な経済発展をとげた。

◆資本主義の中に変化が現れた

このように資本主義が生まれ、地球上に拡大していくうちに資本主義の内部に変化が現れた。19世紀に大陸ヨーロッパとアメリカ合衆国に資本主義経済が発展していく内、とりわけ19世紀の後に、企業の集中が進み、また、色々な産業にわたって多数の大企業を単独の資本が支配するという形のものも現れた。また後で説明するように、巨大な設備を必要とする重化学工業が発達し、その建設のために巨額の設備投資資金が必要になったため、その資金を供給する銀行と証券市場が大きな役割を果たすようになった。

こういったことを背景に二つの主張が現れた。一つは資本主義は集中が進み、「独占資本主義」の時代に入ったと同時に、銀行と証券市場（独立の証券会社と、銀行で、業務の一つとして証券業務を営むものによって構成される）を併せた金融の役割が大きくなり、産業を営む企業（事業会社）と金融の関係が密接になるとともに、金融が産業を支配し、資本が一体化する「金融資本」になったと主張するものである。言い換えれば「金融独占資本主義」の時代になったという主張である。その代表的なものは、1909年に刊行されたヒルファーディングの、『金融資本論』である。

もう一つは、右のヒルファーディングの説を取り入れながら、世界の資本主義は資本主義国同士で、すでに分割が終わった植民地の再分割のための戦争を繰り返す「帝国主義」の段階に入り、資本主義はもう「腐朽し」、「死滅しつつある」状態にあるのだ、という主張である。これが1917年に刊行されたレーニンの『帝国主義論』である。

この二つの主張は20世紀のマルクス主義に基づく理論家、研究者に大きな影響を与え、資本主義は19世紀末から20世紀初頭の時期に性格を変え、新しい段階に入ったとする考え方が、むしろ常識にさえなった。また、マルクス経済学者ではないが、アメリカのガルブレイスのように、現代の資本主義経済は大企業の支配が完璧に進行し、大企業の思うがままに経済が運営されていると主張する経済学者も現れた（『豊かな社会』1958年、『新しい産業国家』67年）。

「段階」説の中で極端なのは日本の宇野弘蔵で、資本主義は帝国主義の段階に入り、金融資本が「支配的な資本」になった現代の資本主義を分析し、解明するためには、19世紀末以前の段階の資本主義を分析する理論、つまりマルクスの理論では不可能で、別の理論、宇野の唱える「段階論」でなければならないとした。

◆資本主義は再び変化したのか？

それはともかくとして、ヒルファーディングやレーニンの説が出現してからもう100年以上経っている。問題は100年ほど前に資本主義経済の性格が変わってから（資本主義経済の資本蓄積の方法に大きな変化を与えるほどのものであったかどうかは別として）、現在までずっと変わっていないか、それとも最近新しい現象が次々と現れ、資本主義経済はさらにもう一度性格が変わったのか、ということである。「現代」の資本主義経済とは、20世紀末から21世紀初頭にかけて現れた新しい色々な特色を備えた経済を指すのか、それともヒルファーディングやレーニンが「変わった」と言ってから変わってなくて、つまり20世紀になってからずっと現代なのであろうか？

変わっていないとする考え方を支持する要素は、独占・集中は現在ますます進み、強力になっていることである。この点はヒルファーディングやレーニンが叫んだ19世紀末以来まったく変わっていない。ただ金融と産業が一体化して金融資本になっているという理論に関しては、やや問題がある。特に金融が産業を一方的に支配しているという主張については、筆者は否定的である。ただ後で説明するように、経済の「金融化」は現代の資本主義経済の性格に関する議論の大きなテーマになっている。また、帝国主義は21世紀の現在においても形を変えて存在している。先進資本主義諸国は、現在ははっきりとした領土的野心を表明することはないが、アフリカや中近東諸国の内戦の、真実の仕掛け人として、どちらかの側の背後につき、資源を実質的に手に入れようとしている。

しかし、一方では最近「グローバライゼーション」とか、「サービス化」あるいは「ファンド資本主義」などと呼ばれる、新しい、そして、今までの理論や知識ではよく理解できない現象が、次々と起こってきた。研究者の中にも、これまで資本主義経済を理解し、説明してきた理論を多少修正し、補強しなくてはならないのではないかと感じている人もあるように思われる。大体において、先進資本主義諸国に停滞、スタグフレーションの色がはっきり出てきた1970～80年頃から資本主義は変わったと感じている研究者が多いように思われる。

ただし、旧ソ連が崩壊して以来、マルクスの理論と社会主義に対する自分の理解に自信を失い、マルクスの理論に修正を企てたり、マルクスに似て非なる俗流経済学説を唱える者が続出しているが、これはまた別の問題である。

◆大きな変化は一回だけ？

この問題に対して筆者は大きな変化は一回だけと考えて整理する方法を試みている。つまり19世紀末頃までは資本主義経済と言えるための必要な条件が出来上がった時期と考え、それ以後、大雑把に言えば、20世紀になってから以後は、資本主義経済が、その基本的な存在条件に従って展開していくと考えた。そのわけを次に説明する。

資本主義が存在する基本的条件、つまりそうでなければ資本主義ではないのではないかということは何かというと、資本の増殖のために、自由に、勝手気ままに、言い換えると無政府的に、生産を拡大することである。それは必然的に消費を無視した過剰投資、過剰生産になり、恐慌を引き起こす。恐慌の結果多くの企業がつぶれ、多くの労働者が職を失って街頭に投げ出される。そして、それによって過剰が整理される。その結果しばらくすると景気が回復する。これが景気循環である。言い換えると、恐慌は労働者の首が飛ぶ、という犠牲の上に成り立つ景気の自動回復装置である。

しかし、資本主義の基本的な条件が出来上がって景気循環を繰り返すうちに、19世紀末になるとこの循環運動がうまく繰り返されなくなる。恐慌がなんと20年間も続くという異常な状態になったのである。言い換えると恐慌によって企業がつぶれ、それで過剰が整理され（労働者が解雇され、路頭に迷うという犠牲の上に）、問題がひとまず解決する、というわけにいかなくなったのである。

こうなると、じっとしていてはいつまでも不景気で、労働者は生きていけず、資本主義経済は立ち行かなくなる。そこで何か根本的な解決策はないものかと考え始める。それで色々な新しい政策、新しい経済理論が出てくる。そして、それは当初はある程度の効果がある。しかし、根本的な解決策ではなく再び何らかの問題が起こる。その問題を解決するためにまた何らかの策を講じる。これを繰り返す。その中で、新しい産業を考え出し、人間の欲望を刺激して何か新しい商品を作り出す。それが行き渡り、そのうちに過剰になる。これを繰り返す。このことを筆者は「展開」と表現したのである。20世紀はまさにこの「展開」の世紀であった。そして様々な、19世紀まではなかった新しい現象が次々と起こったのであった。

◆資本主義経済の成立と展開の歴史

以上のことを読者によく分かってもらうために、ここで、資本主義が成立し、発展してきた歴史をもう一度振り返って点検することにする。つまり基礎的な知識として、資本主義の歴史のポイントを読者に説明しておこうというわけである。

中世の封建制と言われた時代から段々と資本主義経済は、封建制の経済の胎内で育って来たと言われているが、経済活動がはっきりとそれまでとは変わって活発になったのは15～16世紀頃からで、場所から言うと西ヨーロッパである。はじめはヴェネツィアなどイタリア半島を中心とした地中海沿岸の都市（都市国家と言ってもよい。イタリアという国が出来たのは、ようやく1861年になってからである）が繁栄した。しかし、オスマン帝国（オスマントルコ）が勃興して、中国との交易路を、高い関税を取るなどして妨害したために、商業活動の中心は地中海から西に移動し、大西洋、インド洋、南北アメリカ大陸へと広がった。そこで繁栄したのがスペイン、ポルトガルのイベリア半島の国である。いわゆる大航海時代である。

しかし、経済活動が活発になったといっても、営まれていたのは商業である。「Ⅰ」で述べたように貨幣のままでじっとしていたら価値は増殖しないから、一度貨幣の姿を脱ぎ捨てて商品の姿を取り、商品を売ると元の貨幣に姿に戻る。この、増殖運動をすることによって、貨幣は資本になる。商業で増えるから商業資本、あるいは商人資本と言う。

しかし、この増殖の仕方では、まだ資本主義とは言わない。貨幣が生産手段と労働力という姿に変身し、労働力を資本家に売った労働者が機械という生産手段を使って、原材料というもう一つの生産手段にはたらきかけ、労働することによってもっと大きな価値の商品を作り出す。作ったのは労働者であるが出来た商品は資本家のものである。資本家はその商品を売る。資本家が生産手段と労働力に投下した貨幣は以前よりたくさんの貨幣となって戻ってくる。つまり労働者を雇って生産させることによって、資本という価値が増殖する。これが資本主義である。中世の、農業を中心とした封建制経済から、近世の商業の目覚ましい発展によって人間の経済活動は大いに発展し、商人の資本は肥え太ったのであるが、資本主義として一人前になるためには、資本が商業からさらに一歩踏み出して工業をとらえ、労働者を使った生産によって価値を増殖するようにならなければならない。

◆本格的な資本主義になる

経済の発展を歴史的に観察するときに見落としてはならないのは、経済活動が量・質ともに発展すると同時に、先にも述べたように発展の地理的な中心も移動することである。現在の世界の資本主義経済を見ても、20世紀末から21世紀初頭に、ヨーロッパ、アメリカ、そして、日本という先進国の経済が次々と長期に停滞し、激しい恐慌に陥っていた時、中国の経済は驚異的に発展し、大変な好況状態にあったのである。また、東南アジアの諸国も次々と経済発展に向かって離陸している。つまり、20世紀末から21世紀にかけて、経済の中心は欧米から東アジア、東南アジアに向けて移動を開始しつつあったのである。世界全体が沈滞していたわけではない。

このように近世の経済の発展は地中海沿岸からイベリア半島が舞台であったが、それに続いて発展したのはオランダ、そしてイギリスであった。そして、その発展を担った産業は商業から工業、具体的には毛織物工業へと移った。広く言えば繊維工業である。さらにイギリスの勢力が北アフリカからインドに及び、さらに北アメリカの綿花栽培適地に伸長するに及んで、イギリスの繊維工業の中核は毛織物工業から綿工業に移る。そして、イギリスで急にたくさん必要になった労働力は農村から供給された。現在でもイギリスの国土の4分の3は貴族を中心とした特権階級によって所有されているが、先に述べたようにオランダで毛織物工業が発展した時、イギリスの大地主は小作人を追い出してそのあとに羊を飼い、オランダに輸出したのであった。小作農民は都会へ行って労働者になるより他はなかったわけである。現在のイギリスの美しい田園風景はこうした農民が追い出された後の風景である。

◆産業革命

領主や地主が農民を土地に縛り付け（移住禁止。住民が居なくなると年貢を納める者がいないから土地だけあってもなんにもならない。それと勝手作禁止。農民から年貢として取り立てる作物、つまり現物の税金は、一部は食料品、一部は商人に売却して何かの商品を購入するための貨幣に替えるのに都合の良い作物でなければならない）、貢租を搾り取るのが封建制である。これに対して一応名目的にはどこに住もうと自由で、また、何の職業に就こうと自由になった人々を労働者として雇って生産をさせるのが資本制である。これは人間が生きていくために必要なものを生産する時に、人と人とが結ぶ関係、つまり生産関係である。人と人の関係が、資本家（企業）と労働者という関係になった資本主義経済は、それとともに何を作るか、出来ればもっと良いものを、どのくらいの能率で作るかという「生産力」の面でも、大きな進歩、そして変化を遂げた。これがイギリスで１８世紀後半、次いでドイツやフランス等の大陸ヨーロッパ諸国で１９世紀後半に進行した産業革命である。

産業革命は、まず生産力の要素の内、道具の面で現れた。それ以前の、「封建制の胎内で育ち、生まれて間もない資本主義」は、生産力の面でいえば、手工業の資本主義である。手工業による生産が工場に集合して行われるのを工場制手工業、マニュファクチャーと言う。その手工業が機械を使った工場制大工業になった。舞台となった産業は繊維工業である。革命は繊維工業の道具の進歩である。糸を紡ぐための機械である紡績機と、その紡績機で作った糸で織物を織る力織機《りきしょっき》の発明である。だから繊維工業、特に綿紡績工業は、資本主義の生産関係の下で機械を使って大量生産する最初の産業部門だということが出来る。

そしてこれと並んで、機械を作り、あるいは修理するために金属を切削加工する機械工業がスタートした。ただし、これは初めから工場制大工業として生まれたのではなく、たいていは紡績工場などの大工場の機械の修理作業場から始まる。日本では日本を代表する機械工業の会社である日立製作所が、日立銅山の機械の修理小屋から始まったのが好例である。そして、機械工業は、色々な産業で使われる産業機械（例えば、鉄を作る機械なら製鉄機械、食品を作る機械なら食品機械など）と、機械を作る機械である工作機械（旋盤とかフライス盤など、主として金属を切削加工する機械）とに分かれながら発展し、一国の製造工業の根底を形作っていく。

こうして機械工業が発展してくると、当然需要が増加するのは鉄鋼である。そして産業革命が、イギリスから大陸ヨーロッパと北アメリカに波及した19世紀初め、1814年にスティーヴンソンが発明した蒸気機関車は19世紀を通じてヨーロッパと北アメリカに熱狂的な鉄道建設熱を引き起こし、桁違いの鉄鋼需要を生み出した。鉄鋼生産の急増は鉄鉱石を溶かすための木炭の需要を急増させ、イギリス中の山が禿山になるとまで言われたが、それを救ったのが高炉の発明であった。高炉は石炭を蒸し焼きにしたコークスを使用するからで、今度は鉄鉱石と石炭の需要が爆発し、大規模な鉱山が方々で開発されることになった。

そして、このコークスの生産と、石炭・鉄鉱石の鉱山の開発は、さらに多くの産業を生み出し、発展させることになった。コークスの生産に伴って副生するタールは、タール工業を生み出し、化学工業を大発展させることになった。繊維工業の発展は染料の発達と増産を要請するが、タール工業はまず染料工業を革命的に変化させた。一方鉱山の大規模化、大深度化は、換気、排水、鉱石運搬等の機械化を促し、各種電気機械工業を発達させることになった。

◆基本的に出来上がった時代と「展開」の時代

こうして産業革命はまず最初に最終消費財の産業である繊維工業を近代的大工業として生み出し、次いで各種機械工業と鉄鋼業・化学工業という素材産業を生み出し、発展させていった。「Ⅰ」の基礎知識で述べた生産手段の生産部門（第Ⅰ部門）と消費財の生産部門（第Ⅱ部門）の両部門が出揃ったわけである。資本家と労働者という、相互に依存しながら一方が他方を搾取し、雇用と解雇という関係によって資本家が労働者の生殺与奪《せいさつよだつ》の権を握る生産関係と、生産の進行に必要な二つの生産部門、第Ⅰ部門と第Ⅱ部門を整備するという生産力の、双方がひとまず整備されたのである。

筆者はここまでで資本主義的な生産は基本的に出来上がったものと考え、これから後を経済が資本主義の論理に従って展開していく、展開の時代と考える。言い換えれば、資本主義が持っている問題、難しく言えば資本主義の矛盾が爆発しては対策が講じられてひとまず解決し、しかし、解決したように見えてもそれは表面だけで、根本的には何も解決していないためにまた問題が起こる、ということを繰り返していく、という時代である。こういった二つの時代または段階に大別して考えてみようと思うわけである。

ただこの際問題になるのは、先に述べたヒルファーディングやレーニンらの説の位置づけである。彼らの説は、マルクスの考え方に従って経済を解明しようとする研究者に大きな影響を及ぼし、資本主義経済は１９世紀から２０世紀にかけての時期に独占資本主義の時代、金融資本の時代、そして、帝国主義の時代に入ったと考えるのが殆ど常識になっているといってよい。

しかし、無政府的な自由競争、その結果としての過剰生産と恐慌は、資本主義が本来持って生まれたもので、強いものの勝ち、独占の形成という現象も、１９世紀末の設備の巨大化によって促進されたという要素はもちろんあるものの、これも資本主義が本来持っている形質である。そして、経済は巨大独占資本によって支配されているという要素があると同時に、激しい競争が依然として行なわれているのも事実である。また、独占の形成と関連して取り上げられる金融と産業資本の結びつきも、必ずしも固定的ではない。２１世紀の段階では先進国ではむしろ薄まっている傾向が強い。しかし同時に、後発国ではかなり強い傾向として表れている。要するに、資本主義経済の発展、展開は、ある段階からある段階へという風に、性格が固定的に変化するという風に考えず、現実に即して柔軟に考えた方がよいと思われる。

◆19世紀末の大恐慌の意味するもの

しかし、ここで考えておかなければならないのが、19世紀末の、ヨーロッパ諸国とアメリカ合衆国という、当時の先進資本主義国のすべてを襲った大恐慌である。資本主義経済が「支配的になった」19世紀の初期、1825年以降ほぼ10年置きに恐慌が起こったとされているが、19世紀末の大恐慌は1870年代から90年代まで、20年間も続き、景気が回復しなかったからである。恐慌は生産のし過ぎ、商品の作り過ぎで起こるが、起こったら投下した資本が貨幣として還流してこないから、資本の増殖運動を続けられない企業、返済期日が来た負債を返済できない企業が大量に消滅する。つまり資本主義の自由競争の市場から退出させられる。ということは過剰な設備、過剰な生産物が消えるということである。そして、段々と景気が回復する。前にも述べたようにこれが景気循環であり、景気の自動回復装置である。

ところが、19世紀末の恐慌は20年間も回復しなかったのである。言い換えれば過剰が解消しなかったとも言える。ということは過剰が解消するだけ企業が市場から退出せず、いわばゾンビ企業が残存したからと考えられる。この理由としては19世紀を通じて資本主義経済が発展し、それにつれて景気上昇のたびごとに積み上げられた過剰な設備、積みあがった不良資産（支払われない売掛債権などの不良債権）が大変巨額になったことが考えられるし、それに加えて巨額の資本を必要とする鉄鋼や化学などの素材産業、それから鉄道業などと緊密に結びついた金融業が、安易に企業を潰すわけに行かなくなったということも考えられる。うっかり産業企業を潰すと金融も一緒に潰れてしまうからである。

いずれにせよ、成立してほぼ１００年を経過し、発展してきた資本主義経済が、恐慌と回復、上昇、そして、恐慌の再発、という景気循環を繰り返すうちに段々と累積してきた過剰が、１９世紀末に至って、最早容易には解決できないほどの大きさになっていたと思われるのであって、その意味で１９世紀末は特殊な意義を持っていたということが出来よう。

◆過剰の処理、帝国主義

しかし、恐慌という、いわば資本主義に元々内蔵された過剰の処理手段では最早処理できなくなったからといって、ほうっておくことは出来ない。言うまでもなく、過剰ということは投資のし過ぎ、商品の作り過ぎということだから商品は売れない、利益は生まないということになる。しかし、増殖運動をするということは資本の基本的な使命なのだから、それが出来ない貨幣や工場設備はもう資本ではないということになる。つまり、資本主義の死を意味することになってしまう。第一恐慌によって放り出された労働者は、いつまで経っても放り出されたままでは、生きて行けない。となれば労働者は立ち上がらざるを得ない。革命が起こる。

だから、何とかして資本の運動を再開させ、利益を生ませなければならない。そのためには、これまでの自動回復装置には頼れないということが明らかになった以上、何か新しい手段を考えなければならない。資本主義経済が、ひとまず出来上がった１９世紀中には、大体１０年前後の循環的な恐慌と景気回復という景気の循環で何とか凌いで来ることが出来たのであるが、もっと根本的な対策が必要になったのである。こうして20世紀に入るとともに、資本主義の運動の仕方が変わり、次々と新しい様相を呈するようになった。これを新しい「段階」と呼ぶのは論者の自由であるが、筆者はこの大恐慌以後の、20世紀以降の資本主義経済を、単に現代資本主義と呼ぶ。

この新しい資本主義の時代を、真っ向から取り上げたのがレーニンの『帝国主義論』である。レーニンの取り上げた帝国主義、最新の、そして最後の、資本主義経済の根幹は、資本の輸出である。第一ステージを過ぎた癌のように、資本の過剰は通常の恐慌という手段では最早解消できないほど大きくなっていた。それを処理するための手段として実行されたのが、過剰な資本を、後発国や、まだ資本主義経済になっていない低開発国に持ち込んで投下し、利益を生ませることであった。しかし、資本輸出の対象となる、発展の遅れた国は、すでにみんな欧米先進資本主義国の植民地になっていたから、その必然的な帰結として植民地の再分割闘争が起こった。これが帝国主義であり、欧米先進資本主義国同士の、帝国主義戦争である。イギリスは南アフリカのオランダ人の植民国家を攻撃してボーア戦争を起こして強奪し、アメリカはスペインからフィリピンとカリブ海植民地を奪った。植民地強奪戦争に出遅れたドイツは、バルカン半島からその先のトルコ、中近東に進出した。しかし、それはジブラルタル海峡、マルタ島、スエズ運河からインドに至り、香港・上海に達するイギリス帝国主義の中軸線を脅かすものであったから、大戦が起こるのは当然であった。

◆資本主義は死滅するか？

しかし、レーニンはさらに進んで、『帝国主義論』の中で、資本主義は帝国主義の段階になって「腐朽」し、「死滅しつつある」と言っている。先に筆者は、過剰になった資本を後発国や低開発国に持って行って利益を生ませると書いたが、こうした資本輸出の中で、よその国に工場を設けたり、企業を買収したりするのを現代では「直接投資」と呼び、外国の政府が発行する国債や、アメリカの州のような地方政府が発行する地方債等の公債、株式会社が発行する株式や社債に投資するのを「証券投資」と呼ぶ。

この二つの中で前の方の直接投資は、あとで述べる「グローバライゼーション」の章で、現在の直接投資である生産拠点の移転などとの比較に関連して改めて説明するが、レーニンが資本主義の「寄生性」として注目したのは、あとの方の国際証券投資である。資本主義の第一の先進国であるイギリスの資本主義は、後発のドイツやアメリカとの競争に負けて生産力への投資の面では勢を失った。そこで余った資本、イギリス国内では投資先を見つけられない貨幣は、国際証券投資に向かった。ヨーロッパ大陸の後発資本主義国の中ではドイツに比べて生産力への投資が弱く、したがって、貨幣資本が余り気味のフランスの資本主義も、外国とりわけロシアの証券に投資した。資本主義国全体でいえば、資本輸出の中心はむしろ証券投資であった。

この現象に注目したレーニンは、これを資本主義の弱さと捉え、帝国主義段階の資本主義の「寄生性」と名付けた。そして、資本主義はすでに「腐朽」しており、「死滅しつつある」と特徴づけた。だがこれはいくつかの問題を抱えており、我々後代の研究者に課題を提供している。

その一つは、レーニンがこのような見解を発表してからもう100年も経っているのをどう考えるか、である。資本主義はまだ死んでいない。この点については、2017年に石川康弘教授が鋭い指摘を行い、問題を投げかけておられる（『帝国主義論』の現代的意義を考える」雑誌『経済』2017年11月号。新日本出版社）。

一つの考え方は、資本主義がそのように弱体化し、腐朽しているのは確かであるが、死滅するにはレーニンが考えていたよりも時間がかかる、言い換えれば、すぐ死滅するほどには資本主義は弱っていない、というものである。また、これと関連して提起されるのは、時間が掛かるのは止むを得ないとして、それでは辛抱強く待ってさえいれば、資本主義は放って置いても死滅するのか？という問題である。これは以前からある「資本主義の自動崩壊論」をめぐる問題である。

自動崩壊論が間違っているのは明らかである。前にも述べたように、資本主義はその自由競争主義、無政府性、生産と消費の矛盾のために、必ず恐慌が起こる。そして、労働者の犠牲の上に回復する。しかし、労働者の抵抗は段々激しくなり、いつかは労働者は団結して立ち上がり、権力を奪取して、資本のためではなく、人々のための経済と社会を作るというのが、『資本論』でマルクスが教えているところである。鍵は労働者の組織された抵抗である。そして、組織を指導する前衛党である。組織された抵抗がなければ労働者の苦しみは長く続く。

◆利潤率は傾向的に低下するか？

自動崩壊論か、それほどではなくても資本主義は段々と矛盾を深め、力が弱くなってゆくと考える人たちが、しばしばよりどころにするのがマルクスの言う、「利潤率の傾向的低下の法則」（『資本論』第Ⅲ巻、第3篇、第13章から第15章まで）である。

しかし、気を付けなければいけないのは、マルクスが第13章「この法則そのもの」で説明しているように、利潤率は、運動する資本の総額、つまり可変資本＝労働力の購買に支出した資本＝支払った賃金と、不変資本＝原材料と機械設備を買うために支出した貨幣を合わせた額、を併せた、投下資本総額で、利潤を割ったものだから、資本主義の生産力が発展して巨大な機械設備で生産するようになるにつれて、利潤率が低くなるのは当たり前だということである。具体的に言えば、高炉の発明以後、巨大な装置産業として発達した鉄鋼業と化学工業、大型の機械を作る重機械工業など、一般に重化学工業と呼ばれている産業が第Ⅰ部門（生産手段の生産部門）の主要部分を占めるようになり、また、それによって資本主義経済の生産力が確立したのであって、マルクスはそのことを言ったに過ぎない。年々の減価償却費は巨額になり、投下資本の回収には長年月を要するようになった。利益の圧迫要因が大きくなることは間違いない。

しかし、現実の資本主義経済の発展はさらに複雑である。マルクスも次の第14章で「反対に作用する諸原因」という表題をつけて、利潤率が低下する要因に対して、反対に作用する色々な要因があることを説明している。そのために、一般的法則といっても、常に必ずそうなるという意味での法則ではなく、大体においてそうなる傾向があるということだと述べ、だから、「利潤率の低下法則」ではなく、「傾向的低下の法則」と呼んだのだ、と言っている。

筆者はまったくその通りだと思う。「低下法則」だと、利潤率はどんどん下がり、まったく儲からなくなって資本の増殖運動ではなくなってしまう。また、歴史的な経過を見ても事実と異なる。筆者はこれまで、資本主義経済は19世紀末の大恐慌から回復した後も、依然として処理しきれない過剰の資本があり、それを処理するために色々と新しい方策を考え出し、いったんは成功しても時が経つにつれて効果を失い、そこでまた新しい方策を講じる、ということを繰り返すのだ、と述べてきた。また、対策を考える、ということの外に、次の章で、「産業構造の変化」として説明するように、一つには人間の次々と湧き上がる欲望に応えるため、あるいは意図的に欲望を刺激して、それに対応するために次々と新しい産業を生み出し、資本が増殖運動をする場としてきた。新しい産業は発展して目覚ましい利益を上げ、資本主義は高揚した気分に包まれる。しかし段々と競争が激しくなり、人々が新たに欲したものもやがて行き渡り、利益も上がらなくなる。そして、いつの間にか古い産業になってしまう。

問題はこうして意識的にとられた対策にせよ、自然に発展してきた新しい産業にせよ、繰り返していく内に段々と利益率が落ちてゆき、「反対に作用する諸原因」もいわばそのうちにタネ切れになるのか、それともいつまでも繰り返すのか、ということである。筆者は「タネ切れ」になりつつあるのではないか、と思っている。そのわけは以下の諸章で説明するように、段々と製造業の比率が小さくなり、モノではないものを売ってお金を稼ぐサービス業の比率が圧倒的に大きくなったこと、そしてその中で、人々の生活に有用な、本当に必要なものよりも、段々とどうでもよいもの、人々の欲望を掻き立てるだけで有害無益な産業が幅を利かせるようになっているのではないかと思っている。だから本当の問題は、人々がこういうことに気が付き、利益を上げ、資本の価値増殖のためにはどんなことでもやろうとする、巨大な力に対して、抵抗を開始するかどうかということである。

2　産業構造の変化

◆戦争と革命の世紀

さて、それでは20世紀初頭の世界の資本主義はどのような状態であったのだろうか？　但し、世界といっても実際はヨーロッパとアメリカだけである。アジアで最初に資本主義化したのは言うまでもなく日本であるが、日本はまだ産業革命が進行を開始して間もない頃で、いわゆる会社創設期（元はドイツ語で Gruenderzeit グリュンダーツァイト）は日清戦争後の頃であり、しかも日本の生産力の発展は第二次大戦までは著しく軍需工業に偏っていて、国際競争力のある産業は生糸と綿紡績位のものであった。

一言で言えば、当時の世界の資本主義にはまだ、後の「4」で述べるような「対策」もなく、資本の増殖運動の場を補って余りある、新しい強力な産業はまだ育っていなかった。ただ注目されるのは、19世紀の資本主義の確立と発展の結果として生まれた強大な独占である。19世紀後半に最も力強く発展したのはアメリカとドイツであるが、アメリカで熱狂的に全北米大陸にわたって敷設された鉄道は、それ自身鉄鋼の需要を拡大するとともに産業全体に大きな波及効果を及ぼした。しかし、極端な競争の結果各鉄道企業は全面的に経営破綻状態に陥った。それを説得と脅迫で少数の会社に統合し、その際統合会社として設立する新会社の株式の発行を引き受けるとともに、巨額の創業者株の無償取得によって、巨利とともに支配権を手に入れ、全米の鉄道を支配したのはウオール街のモルガンであった。

鉄道と並んで過当競争の結果、疲弊の極に達していたのは鉄鋼業であったが、ここでもモルガンの支配力が展開された。当時アメリカの鉄鋼業を支配していたのはカーネギーであったが、モルガンはカーネギーに宣戦を布告し、鉄鋼業の支配権を引き渡すか、さもなければ徹底的な競争戦を開始するかを選ぶよう申し入れた。カーネギーは屈服して合同に応じ、モルガンは1900年にUSスティールを設立して全米の鉄鋼を独占支配した。現在はロックフェラー系のチェースと合併して、JPモルガン・チェース銀行となり、証券部門はモルガン・スタンレー証券で、2008年の金融恐慌の時、アメリカが日本政府に圧力を加えて救済させたため形式的には、三菱UFJ銀行が支配権を持っているように見えるが、表面だけのことである。

モルガンの外にはロックフェラーが石油業を独占するスタンダード・オイル（今日のエクソン）帝国を作り上げた。しかし、こうして19世紀末から20世紀初頭にかけて、モルガンやロックフェラーが大帝国を作り上げたことは、それによって資本主義が飛躍し、一段と強化されたということを意味するわけではない。それは資本主義の発展は必然的に恐慌を招来し、恐慌は独占を生むということの典型的な例を見せたに過ぎない。鉄道は自動車の発達によって力を失い、鉄鋼は旧ソ連、次いで第二次大戦後には日本、そして、20世紀末には中国が、生産力を大幅に拡大して世界最大の生産国の地位を奪い、先発国のヨーロッパやアメリカ、さらに日本でも最早ピークを過ぎた過剰設備産業であり、活発な投資によってそれぞれの国の経済発展をリードする産業ではない。

そして、20世紀に入ったばかりの段階では、世界の資本主義経済は、世紀の後半に強力な牽引車の役割を果たした、自動車や電機などの諸産業が、まだ現れていないか、出現してはいたとしてもまだ未成熟であり、不安定であったと見ることが出来る。アメリカでは、1920年代には、永遠の、とまで言われた好況期があったが、1929年の株式市場の大暴落をキッカケとして資本の過剰という真実が露呈して底なしの大恐慌となり、30年代には世界恐慌へと拡大した。

さらに、この大恐慌を挟んで、1914〜18年には第一次大戦、1939〜45年には第二次大戦と、資本主義世界は二つの世界大戦を引き起こし、第一次大戦末期にはドイツと、そしてロシアで、相次いで革命が勃発した。こうして20世紀後半には、「戦争と革命の世紀」という言葉が生まれるほど、世界の資本主義は不安定であった。

◆20世紀の新しい産業

それでも20世紀の初期に、まったく新しい産業が生まれなかったわけではない。第一次世界大戦後、ドイツの敗戦により、空中窒素の固定法の特許が公開され、世界にアンモニア工業、肥料工業が急拡大した。また、窒素を得るために電力が必要であり、そのために電力産業、そして発送電のための発電機、変圧器、遮断機などの重電機械の生産が発達した。

また、後述の「4」で説明するように、資本の運動を援助し、補完するものとして、ケインズ主義あるいはマルクス経済学の立場から、「国家独占資本主義」と称される、財政資金の経済への投入、そのための財政と金融の融合、労働政策と独占禁止政策を中心とする資本の行動の規制、銀行業務と証券業務の分離を中心とする金融の規制、ブレトン・ウッズ体制による通貨・為替の統制とそれによるドル体制の確立等々の効果も否定することは出来ない。

しかし、それはいわば補助的な手段であり、臨床的な対策であって、過剰資本に増殖運動の場を与え、循環運動を促進するのは何といっても新しい産業の出現である。20世紀には自動車工業（あるいは広範な部品工業、鉄鋼などの素材産業との連関を含めた広い意味での自動車産業）、石油化学工業、そして電気・電子、あるいは半導体産業と、次々と新しい、そして、広範囲の産業と連関する産業が生まれた。20世紀は前半では、恐慌と戦争と革命の世紀であったが、後半は産業の革新の世紀でもあった。

◆自動車工業

自動車工業は電気・電子機械産業と並んで、20世紀において、過剰に苦しむ資本主義経済に投資と利潤獲得の場と、活気を与えた産業ということが出来よう。しかし、注意しなければならないのは、自動車工業の中心はすでにアメリカではなく、日本から、さらに中国へと移りつつあること、そして、アメリカ経済において中核的な産業ではなくなっているということである。しかしそれは同時に、自動車工業が欧米や日本という先進国の枠を超えて世界的な広がりを見せているということであり、また、自動車は乗用車やSUV（多目的スポーツ車）であるのみならず、重要な輸送機械であり、さらに駆動原理が化石燃料の内燃機関から電機のモーターに変わり、人間による運転から自動運転に変わりつつあるということである。極言すれば自動車と電気機械、電子機械の境界がなくなりつつあることを考える時、現代の資本主義経済における位置づけは簡単ではない。

自動車の歴史は18世紀の蒸気機関自動車にまで遡ることが出来るが、近代的自動車は1883年の、ダイムラーのガソリンエンジン車に始まる。そして、1908年のフォードのT型車によって大衆の消費支出の対象となった。しかし、これは耐久消費財としての乗用車を見たものであり、アメリカを中心として発展したわけであるが、20世紀後半以降、アメリカ車は欧州車と日本車に押され、また、アメリカ車の需要の中心はピックアップ・トラックとSUVに移行している。しかし、後発国としての日本と中国は、乗用車生産の中心国としての地位をアメリカから奪い、さらに21世紀に入って世界最大の自動車生産国、購入国となった中国が、ＥＶ（電気自動車）への完全移行を表明するに及んで、自動車工業の中心は、アメリカからドイツ、日本を経由して２１世紀には、中国に移りつつある。また、東南アジア諸国とインドの発展も見逃すことが出来ない。

このような事実と、先に述べたような自動車の電子機械化、自動運転化を見ると、自動車工業は過剰資本投下の主要な受け皿として、ピークを過ぎたとは簡単に言うことは出来ない。

◆石油化学工業

石油化学工業は第二次大戦後急速に発達した産業である。石油、つまり、常圧蒸留によってできる粗製ガソリン＝ナフサを分解するだけでなく、原油を産出するときに噴出する天然ガスや、原油を精製する時に副生する石油ガスからも製造するから、名前のように石油だけを原料とする化学工業ではない。ＣＨ、メタンから始まるオレフィン系炭化水素と、亀の甲の構造式で知られるベンゼンから始まる芳香族炭化水素からスタートして、数えきれないほどの色々なもの（誘導体という）を作り出す工業である。

アメリカでは自動車国のせいで、ガソリンや軽油、ケロシンなどの需要が多く、原油からそれらのものを取った後に残った重油に、高温、高圧をかけ、また触媒を使って、再びガソリンや色々なものを作り出す研究が行われていた。石油化学工業はここから発達したものである。第二次大戦中、弾が当たればすぐ発火して墜落する日本軍機に比べて、米軍機は弾が何発も命中してもなかなか発火しなかった。たまに撃墜したB29を調べていたら、ガソリンタンクが未知の、透明な、ゴムのような物質で分厚く覆われていた。これが当時日本軍が知らなかったプラスチックと言うものであった。アメリカ国内では、日本からの輸入が途絶した生糸のストッキングに代わって、デュポンが発明したナイロンのストッキングが普及し、アメリカの女性は何の痛痒も感じなかった。石油化学工業製品の使い道は、当初肥料、合成繊維、プラスチックの三つと言われたが、産業材料、つまり他の産業の原材料・素材として、もっとも発達し、多様化したのはプラスチックであろう。現在我々が暮らしている場所で周囲を見回した時、目に入るものは何でできているかと言えば、木材か、鉄・アルミ・銅などの金属か、プラスチックかのどれかである。石油化学工業が20世紀の資本主義経済の発展にいかに貢献したかが分かるし、また、今後よほどのことがない限り、衰退することもないであろうと思われる。問題は地下に原油、天然ガス資源があとどのくらい残っているかだけである。

◆電気・電子機器工業と自動車工業の融合

電気・電子関連工業は言うまでもなく、自動車工業と並んで20世紀に巨大な産業分野に発達し、強力な資本の増殖手段になった産業である。また、20世紀末に電子機器が高度化するのに伴って部品も高度に精細化し、半導体などの製造そのものが機械化、自動化されて、半導体製造装置という機器になり、人手を排除するようになるが、それまでは部品の製造と完成品へのアッセンブルは、ともに極めて多数の人手を要したから、20世紀の資本主義の最も主要な問題であった失業人口の吸収に大きな役割を果たした。

また、自動車は内燃機関から始まって色々な機械・装置の複合・総合体であるが、コンピューターその他の電子機器が性能の高度化と小型化によって、自動車の各部分に多数装着されるようになり、遂には駆動部分もガソリンと軽油のエンジンが電池とモーターに置き換えられ、自動車そのものが一つの電気・電子機械になったと言えるであろう。そして、運転までもが電子的に制御されるようになりつつある。自動車工業と電機・電子工業の境界そのものが今やはっきりしなくなりつつあるといっても過言ではないであろう。

◆電機・電子工業の発展

人間と電気との産業における関わりの最初は、電球やモーターの発明であろうが、それによってまず電気を起こすことが必要になるから、発・送電に関係した産業が発達せざるを得ない。つまり発電機、変圧器、遮断機などの工業で、これにモーターを加えて「重電」と呼ばれた産業分野である。電機産業の消費財部門における展開は、モーターを応用した耐久消費財産業の分野においてであって、モーターの役割を、工場で機械を動かすほかに、小型化して家庭生活でそれまで人手に頼ってきた色々な仕事をモーターにやらせるようにしたものである。まず扇子や団扇に代わって扇風機が出現し、洗濯機と掃除機が生まれ、モーターでコンプレッサーを回して冷蔵庫、次いでエアコンを作り出した。いわゆる白物家電と言われる耐久消費財である。

これらは構造上簡単で、前に述べたようにコモディティ化し、生産はほとんど後発国に移転してしまったので、企業はコンピューターやセンサーをあちこちに配して複雑な機能を付け加え、高級化・高価格化して消費者に売りつけ、利潤を上げようとしている。これらは本来余計なことで、本来モーター応用製品は、例えば冷蔵庫のドアのように機械的な摩耗が生じうるとしても短時日には発生するものではなく、長持ちするものである。しかし、消費財の長持ちは資本の価値増殖と両立しないから、余計な高機能化を行い、短時日のうちに買い替えさせるのが資本主義的生産様式である。

もう一つの、そして、最も重要な製品分野は、音響・映像機器、通信機・ラジオ・テレビ、コンピューターなどの分野である。これらは本来一方では通信機という社会インフラに属する公共財産業であり、もう一方にはラジオ、テープレコーダー、音響機器、そして、最も重要なものとしてテレビという、個人の最終消費対象である耐久消費財産業があるという構造であった。そこに登場したのがコンピューターであるが、それを構成する計算機能の高速化、記憶の大容量化という基本的な機能の高度化に加え、部品の超精細化によって小型化、さらに超小型化に成功した。始めは大きな部屋に収容されるほどの大きさであったものが、パソコン化され、遂には掌に入るモバイル化に至った。

◆インターネット革命

このような機器、すなわちハード面の進歩と同時に、その機器にどのような仕事をさせるかという、ソフト面の進歩として遂行されたのがインターネットという革命的な発明であって、計算機は同時に革新的な通信手段、すなわちパソコンや携帯機器を持つ世界中の人にあまねく、文字、音響、色彩を伝達する手段となった。テレビや音響・通信機器産業で発達した映像、音響技術は、光通信などの通信速度の超高速化によって単位時間に極めて大量の信号を送ることが可能となり、携帯機器というコンピューターの超小型化と相まって、企業対消費者のみならず、消費者相互間にも、大量の情報、美しい画像と音楽を即時的に送受信し、記憶することが出来るようになった。このような技術的進歩は次章で述べる産業のサービス化、商業のＥコマース（大規模インターネット商業）化の基礎となる。言語情報だけでなく、美しい画像と音響の送達は、瞬間的に大量の信号を送達することが要求されるが、それが可能となったことで、小型化された画面に実物が眼前にあるかのように映し出されることを可能にした。こうした技術的な進歩にかねてから発明されていたインターネット技術が加わり、さらに超小型化され、大衆化された携帯機器がその担い手になることによって大きな社会的変革が出現した。通信企業との基本的な契約に加えそこに便乗する多種多様なアプリケーション・ソフトによるビジネスを展開する業者との契約を結ぶ消費者は、瞬く間に億人単位に広がった。

インターネット技術はモバイル機器つまりケータイの所有者に、個人が自由に不特定多数の相手に情報を発信し、受信する手段を与えた。何よりも色々なサービスを提供する契約を結ぶことを勧誘する業者が容易に消費者に接近する手段を与えたことで、消費者はゲームを始め自分の個人情報の発信、言語情報や画像の不特定多数の相手への投稿、個人間のネット間交際関係の形成など、これまでの個人的な直接の接触、在来の交通・通信手段によって形成されてきた社会とは異なる、一種異様な電子空間社会が形作られることになった。

　そして、このように極めて多数の消費者が一定の画面を見るという社会現象が出現したということは、出版物、新聞、テレビ・ラジオなどの既成のマス・メディアを凌ぐ強力な広告媒体が出現したということであり、画面の一部に広告を掲載させて広告料を徴収することによって、画面に提供されるサービスを一切無料にすることにより、課金を無料にすることが出来、それによって契約者を大きく増やすことが出来るようになった。２１世紀初頭現在では、消費者の小口の支払い決済手段として携帯機器によるネット決済が普及しつつある。ただし金融機関による大口のビジネス決済の分野を代替するには、まだ解決すべき問題が多く残されていると思われる。

　しかし、電子工業あるいは半導体工業とその応用技術のこのような発達は、次章に述べる経済のサービス化の重要な一部を形成すると同時に、人々の生活に不要なもの、あってもなくてもよいもの、さらに害毒を流すものも含まれていることを否定することは出来ない。また、この問題に関連して、２１世紀１０年代からおおきな問題になりつつあるのが、個人情報の商品化である。これまで述べてきた数多くのインターネット上のサービスの利用者、グーグルの検索など大きないわゆるプラットフォーマーの提供するサービスなどの利用者、契約者の人数、利用回数は巨大な量に上り、その内容はこれ以上ないほどの豊富な情報に満ちている。そして、大量な情報の処理技術の発達によって極めて利用しやすいものになりつつある。具体的に言えば、ある特定の人物がどんな嗜好を持っているか、どんな価格帯の商品を購入する傾向があるか、という情報が、本人の知らないところで把握されている。また、極めて多数の人々の嗜好と購入の傾向を把握し、集計し、分析することが可能となりつつある。これこそ資本の増殖運動すなわち金儲けにとって、この上ない貴重な情報となっている。この貴重な情報を商品として販売しようとする動きが出てきた。しかしこの情報は、個人の生活そのものを映し出す情報であり、プライバシーに関わる問題であると同時に、所有権の問題でもある。個人の私生活の情報を勝手に商品として売り渡すことが果たして許されるのかということである。

3　サービス化

◆産業の発展が同時に空洞化を生んだ

前章で述べたように、20世紀は戦争と革命の世紀であると同時に、資本主義経済は、自動車、電機・電子機器、石油化学など新しい巨大な産業を生み出し、生産力の面では著しい発展を遂げた。しかし、同時に色々な問題も出てきた。第一にこれらの産業の発展の中心となったアメリカに大きな変化が現れた。

言うまでもなく、自動車などの産業は製造業つまりモノを作る産業である。ところが次の章「4」のグローバライゼーションの所で述べるように、アメリカの製造業は低賃金を求めて、以前先進国の植民地や保護国であった国や、資本主義的な生産が始まったばかりの、いわゆる新興国などに生産拠点の移転を始めた。そして、新興国より一足先に資本主義生産の発展を始め、第二次大戦後目覚ましく発展した日本を始め韓国、台湾、そして巨大な中国という東アジア諸国の製造業からの輸入依存度を高め、世界のモノ作りの中心は極東諸国に移ったかのごとき観を呈した。そして、アメリカ国内では、早くからピークを過ぎた鉄鋼業などの重工業だけでなく、自動車、電機などの20世紀の産業も20世紀後半に入ると早くも盛りを過ぎた様相を呈するようになった。

それではアメリカの産業は21世紀に入った現在、全体としてどうなっているのであろうか？　右に述べたように自動車工業はヨーロッパと日本、とりわけ日本の自動車工業に押されて停滞し、電機・電子・半導体産業もまたそれに倣った。まずモーター応用製品である通称白物家電製品が、次いでラジオ・テレビの生産がほとんど消滅し、残ったのは最先端の電子半導体工業、あるいは情報機器産業だけとなった。そして、それらの産業においても、機器、部品は研究、開発だけをアメリカ国内で行い、製造は中国、日本、韓国、台湾という東アジア諸国に依存する。そして、東アジア諸国で製造した部品を中国に移送して最終的に組み立て、中国からアメリカに輸出して販売するという構造になっている。

製造業がこのように移転、縮小する一方で、アメリカでもっとも発展したのは、高度に発展した半導体工業機器と技術の上に発達したアプリケーション応用産業である。コンピューター性能の高度化、超小型化、メモリーの超大容量化、通信の超高速化はモバイル機器の高性能として具体化され、数々のアプリケーション・ソフト産業、サービス産業を生み出した。

まず、検索やゲームなどを中心に契約者が急増し、そのことは新聞やテレビに拮抗する媒体になったことを意味するから、当然の結果として有力な広告媒体となり、広告収入によってサービス契約を無料にすることが可能になり、それによって契約者が激増するという循環的な作用が生まれ、瞬く間に億人を単位とするインターネット空間社会が出現することとなった。そして同時に、広告業と双生児的な近縁産業としてのカタログ商業が最先端的なインターネット小売り商業、Eコマースとして生まれ、さらに実店舗による小売商業の支払い決済も含めてモバイル機器、いわゆるスマホによる決済が普及するに及んで、金融の構造にも大きな影響を与えようとしている。

また、このような経済的な作用にとどまらず、個人が自由に自己の言説・情報・映像を発信し得るということは人と人との関係、引いては社会秩序に重大な影響を及ぼしている。

しかしそれはともかく、こうした情報技術化の進展をとらえ、新しい資本主義ビジネスとして仕立て上げ、大きな成功を収めたのがグーグル、アマゾン、フェイスブック、アップル（GAFAと称される）などの巨大プラットフォーマー企業である。そして、先に個人情報の商品化の問題として取り上げたが、記憶装置の革命的大容量化と計算速度の超高速化は、いわゆるビッグデータの収集と解析を可能にし、AI（artificial intelligence）、人工知能化と結びついて新しいビジネスを開拓しようとしている。

こうした資本主義経済の新しい動向は、主としてアメリカを発信地としながらも、中国を含む全資本主義国を覆いつくそうとしている。しかしそれは、いずれにしてもこれまでの意味における製造業ではない。製造業が先進資本主義国で空洞化すると同時に、真の意味での人類の進歩と言えるかどうか分からないもので、空洞化の隙間を埋めようとしているのに過ぎないようにも思われる。

◆製造業の比重が小さいということは？

このような現象はアメリカに限ったことではない。もちろん先進各国によって差がある。例えば、アメリカは製造業が空洞化しても大農業国であり、経済運営上必須の産業材料である石油も、シェール原油・ガスの採掘の成功によって大産油国、大石油輸出国になった。これに対して日本は食料も原油も大輸入国であり、自動車と機械類の輸出で輸入代金を賄っている。日本人は自動車を食べているようなものである。

しかしとにかく、日本もアメリカもあるいはヨーロッパ諸国も、共通しているのは全産業の中で製造業の比重が小さいことである。また、年々小さくなっていることである。人類の生活は製造業と農業で生産したものを消費し、あるいは食べる、というのが基本である。つまりモノの生産と消費である。地下資源と農地面積が貧弱な点で製造業の重要性が高い日本を例にとると、21世紀の初めの4分の1の段階で、製造業の比重はGDPの16％程度、農業は1～2％ぐらいであった。また、生きていくのに必要なものを生産するのにどのくらいの人数を必要とするか、という点について見ると、日本では製造業と建設業を併せた就業人口は全労働人口（15～65歳）の20％ぐらいであった。これは大体資本主義国全体の傾向を示していると言っても大きな間違いはない。

これは何を意味するかというと、人間が生きていくために必要なもの、食べるのに必要な食料を生産するためには、もう皆が一所懸命に働く必要はないということである。あるいは、労働人口が全員働くとすれば、1年365日の20％ぐらい、70日ほど働いて、あとは休日になる。そうでなく皆が毎日働くとすれば、1日の内2時間も働けば十分ということである。

もちろん実際には、右のような簡単な計算では済まない。社会生活を営むために必要な政治、行政に必要な費用や人数があるし、道路、港湾、橋梁、空港、上下水道、電気、通信、学校などの、社会の基礎構造、いわゆるインフラストラクチャーと称されるものを作って維持しなければならない。しかしともかく、人々の生活にどうしても必要なモノの生産と、それに必要な人数は、国民全員よりだいぶ少ない。人間の生活は衣・食・住の三つであるが、その中で衣は製造業、食は農業であるが、先に日本人は自動車を食べているようなものだといったようにこの際製造業に入れてみる。あと住は建設業である。日本の労働人口の内、製造業と建設業の就業人口を足すと20％ぐらいだと言ったが、そうだとすると日本人は労働人口の20％で衣食住を賄っていることになる。

◆生産しないで所得を生み出す

右に述べたことは、生産力が発達した結果、人類は生きていくことについては楽になったということである。毎日早く仕事が終わって、そのあと時間がたっぷりあるのだから、家族で楽しい時間を過ごし、あるいは仲間でスポーツを楽しむことが出来るはずである。ところが現実では、みんな日本の選手や、ひいきの選手を必死で応援しているが、ご本人は仕事が忙しくてスポーツなどやる暇がない。第一スポーツをやる場所がない。お金を払ってジムにでも行くしかない。選手の方も体のためというより、祖国や出身校、所属企業の宣伝や記録、それとお金のためにやっている。

だから、頻繁に体を壊す。第一選手の養成、記録の向上、強いチームの維持のためには大変なお金がかかる。こういうことではなく、企業や役所は、働く人々に時間を与え、国や地方自治体は運動場をたくさん作り、まだ明るい内からみんなで和気あいあいと職場の同僚や家族と楽しくやるのが本当のスポーツである。

ところが、現実は人々を楽にさせない。人々が生きていくのに必要なものを、みんなで働かなくても、数十％の人が働けば作れるのであるから、人類は大変な進歩をしたわけなのであるが、それを享受出来ない。第一作ったものはタダで配るのではない。貨幣で買わなければならない。貨幣を持っているということは所得があるということである。しかし、資本主義経済では所得は資本家、大富豪を除いて自分の労働力を企業に売って、つまり企業に雇われて初めて手に入る。ということは資本主義経済では、労働人口の１５％から２０％ぐらいの人数で全員の必要なものを生産できるのだが、それを消費するためにはお金が必要で、そのお金、所得を得る人数は、全員の２０％しかいないということになる。残りの８０％の人々はお金がなくて買えない。しかし、それでは困るから、所得を与えるために全員を雇うことにすると、企業はモノを作り過ぎることになる。元来モノを作り過ぎ、生産過剰になって不景気になったから多くの人々が首を切られているのである。雇われないと所得がなくて消費が出来ないし、雇えば過剰生産になる。資本主義経済の矛盾である。

これを解決する方法は資本主義の下ではただ一つ、雇って所得を与えるけれども、モノを生産しない産業を見つけることである。「Ⅰ部」の基礎知識で、資本は第Ⅰ部門と第Ⅱ部門に投下され、価値増殖運動を行うが。出来た生産物のうち第Ⅱ部門の生産物、すなわち消費財を消費してくれる＝買ってくれるお金は、ⅠV＋ⅡV、つまり両部門の労働者がもらう給料の合計額である。しかし、生産力が発達してモノはたくさん生産されるのに、それを生産するために必要な人数は段々減ってくる。すると消費に向けられるお金も減ってくる。

この矛盾を解決するための手段が、変な言い方だがモノ以外のもので、お金を払わなければ手に入らないものを見つけることである。それはサービスである。日本語で「役務」、えきむ、と訳す。タダという意味ではない。別の言い方をすれば、モノではないが、貨幣を払わなければ手に入らない、あるいは利用できないものである。最近は、モノではない、という意味で、コトという言い方が流行っている。これをビジネスに仕立て上げる。つまり資本の増殖運動にする。

もちろん、たくさんの人手がいるから、労働力を雇う。給料を払う。そのお金が消費に回る。これがサービス産業である。現代の資本主義経済では、モノ作りの産業より、サービス産業の方がずっと比重が高いのである。先に言ったように、衣食住に必要なものは２０％ほどの人手で出来るのだから当たり前である。逆に言うと、サービス産業がないと資本主義経済がもたないのである。

◆どんな産業があるのか？

これまでモノ作りでないものをサービス業としてきたが、サービス業にどんなものがあるかを考える前に、モノ作りでないということについて、少し考えてみよう。モノ作りでないということは、資本の増殖運動としてまず変態の第一歩を踏み出す時、労働力と生産手段に変わるわけであるが、モノ作りなら生産手段は機械や道具いわゆる労働手段と、原材料すなわち労働の対象物である。ところがサービス業では原材料はない。サービス業は原材料を切ったり削ったりして加工する産業ではないからである。しかし、サービス業には労働の対象、労働者が機械や道具の外になにか働きかけるものはないであろうか？　マルクスは『資本論』の中で運輸業を上げている（『資本論』第Ⅱ巻、第1編、第6章流通費、第3節運輸費）。

マルクスは商品が消費されるためには輸送されなければならないのだから、商品の場所的な移動のための輸送手段の費用と、輸送に従事する労働者の労働力の価値、つまり賃金は、輸送される商品の価値に付け加えられると考えている。つまり輸送される商品は切ったり削ったりする加工の対象ではないが、労働者の労働つまり価値を生み出す労働の対象だというわけである。しかし、商品は同じ場所例えば倉庫に保管されている間、相場の変動に従って転々と売買され、その間倉敷料（保管料）が支払われる。このような単に利益を追求するために一定の場所においておく費用などは価値を形成しない。このような費用をマルクスは「流通上の空費」と呼んでいる。

マルクスが注意を促している運輸業は、資本の価値増殖運動にとって必要な、商品の運送業であるが、使用品の生産と消費に関係のない人の運送は、サービス業である。海上運送と陸上のトラックによる貨物輸送は商品の生産と消費に関係した運送であるが、鉄道、バス、航空機による人の輸送は、大体においてサービス業としての運輸業である。近年半導体工業が発達し、部品の製造と最終製品の組み立て、そして、販売が各々別の国で行われることが多くなり、航空貨物輸送が非常に増大している。これはマルクスの言う、生産のために必要な輸送で、もちろんサービス業ではない。

運輸業はこのように商品の生産と消費に密接な関係を持った、価値を生む産業である部分と、サービス業である部分との両面がある産業で複雑であるが、そもそも人間の生活には、モノを作って消費するのではないがどうしても必要な仕事はたくさんある。反対に主婦の家事労働に含まれていた飲食物の生産のように、モノ作りの部類に入るのであるが経済活動の内に含まれなかった仕事もある。これらに共通する特徴は、貨幣との交換を伴わなかったことである。つまりタダであったことである。

モノ作りではないが暮らしていくためにはどうしてもなければならないことの多くは、かつては自分でやっていた、しかし、自分では出来ないこともある。また、若い内は自分でやっていたことでも年を取ってから自分では出来なくなることも多い。こうして貨幣の授受を伴わない、言い換えれば資本主義経済では経済活動の内に含められなかった仕事はたくさんあるのであるが、段々と貨幣の授受を伴うようになり、タダの世界から資本主義経済の世界に組み入れられるようになった。

自分では出来ないことの典型は医療、介護、葬儀である。介護、葬儀は以前は家族と親族の仕事であった。しかし、現在は老人の医療と介護は巨大なサービス産業であり、人口構成の高齢化によって、経済活動の中で生産活動とサービス活動の配分をどうすればよいかという問題が重大化しようとしている。

主婦の無償家事労働も多くが有償のサービス産業化された。調理・縫製・洗濯は飲食業、縫製加工産業、クリーニング業になった。清掃も一部サービス産業化された。飲食業は資本の有機的構成の低さ、新規参入の容易さから競争激甚《げきじん》であり、多店数展開となったため、調理と店舗での対顧客サービスが分離され、調理、炊飯、製パン、お茶入れは食品製造業になって、生産現場から店舗への配送が、コンビニ産業と同様運輸部門への負担を増大させることになっている。

そのほかサービス業の種類を数え上げたらきりがない。目ぼしいものは教育、広告、弁護士・税理士・会計士・司法行政書士などの相談産業などであるが、何よりも現代のサービス産業を巨大にしたのは電子化、インターネット化、スマホ化である。21世紀初頭現在、スマホはゲームや検索から始まり、音楽・映像の配信・投稿、見知らぬ相手との交信、勝手な言説やデマの発信など、社会の混乱の震源地となっている。そして、その場を提供する企業は巨大なプラットフォーム企業として巨利を得るとともに、前に述べたように、膨大な個人情報を手中にすることになり、個人情報の商品化という重大な社会問題を発生させている。

◆競争激化と低賃金を生む

それではサービス産業は国民経済と人々の経済生活にどんな影響を及ぼしているのだろうか？　モノ作りから弾きだされた人たちを吸収し、所得を与え、消費を支えているように見える。しかし、そこにある現実はそんなに生易しいものではない。

まず、サービス産業の基本的な特徴は第一に、巨大な生産設備を必要としない、したがって、巨額の長期設備投資資金を必要としないことである。ということは、先にも述べたように参入障壁が低く、新規参入が容易であることである。ビルやマンションの一室で起業し得るものも珍しくない。そして、営業の対象が特殊な人々、専門的な企業でなく、広範囲な一般消費者であれば、一つ当たれば売り上げと利益は極めて短期間に巨額化する。飲食業、小売商業では瞬く間に驚くばかりの多店数の展開となる。

こうした特徴によって、サービス業は設備、装置よりも労働力への依存が大きく、多店数展開の場合には全体として多数の労働者を必要とする。ということは基本的に低賃金に依存する産業であるということである。そして先に述べたように、常に競争が激しく、人件費への圧力が大きいことを意味する。

もう一つの重要な特徴は、専門性が高く高度の知識を必要とするコンサルタント諸業種を除き、飲食業やコンビニなどの小売業など、単純労働、不熟練労働で間に合うものが多いことである。ということは雇用関係が不安定でもかまわないということで、かくしてサービス産業に雇用される労働者は基本的に低賃金であるのに加え、非正規雇用であるのが普通である。したがって、ますます低賃金労働になる。そして、技術の進歩と外国からの競争圧力によって製造業から労働力が排出される傾向がある上に、労働人口の圧倒的多数が低賃金しか受け取っていないということは、家計補助のために主婦と若年層が、家庭と学校から投げ出され、家計補助の非正規雇用に従事せざるを得ないことを意味する。

かくして製造業の比重縮小、サービス業の比重増大は、低賃金を社会的に拡大することになった。サービス業によって雇用と所得の不足を社会的に補充する効果はないとは言えないのであるが、製造業の縮小と雇用の減少を補うには遠く及ばない。日本の特色としての終身雇用の効果に加え、製造業中心の雇用は中産階級の基盤である。若年層は労働年齢に達して雇用に参入する時、将来にわたる生活設計を考えることが出来た。現在の非正規雇用と低賃金の下では、長期の生活設計どころか、結婚し家庭を持つことは不可能である。貧困と所得・生活の格差拡大は、自暴自棄を生み、社会の不安定を増大させている。

4　グローバライゼーション

◆何を意味するのか？

グローバライゼーションという言葉は英語のグローブ（globe 地球）が元で、直訳すれば「地球化」である。何かの経済現象が丸い地球の至る所、少なくとも色々な所に関係して起こっていることを意味する。国際的（international インターナショナル）という言葉と意味が似ているが、国際的という言葉は、ある一つの国の中のこと、英語でドメスティック（domestic）という言葉の反対語で、ある国のことがその国以外の国と関係していることを意味している。

グローバライゼーションという言い方が、いつごろから使われ始めたかは筆者にはよく分からないが、そんなに古くからではない。２０世紀の最後の4分の1世紀、１９７０～８０年辺りからではないかと思われる。現代の資本主義経済の特徴を表現しようとしたものであるが、この本の初めの方で書いたように、現代の資本主義の特徴を表す言葉としては、帝国主義の段階とか、独占の段階とか、最近ではサービス化とか金融化など、色々な言い方がある。しかし、グローバライゼーションという言葉はほかの言い方と違って曖昧に使われているように思われる。国際的という言葉と大して違わない意味で使っている人も多いようである。

◆資本の価値増殖運動の観点から見る

筆者の考えでは、グローバライゼーションという言い方は、資本の価値増殖運動の見地からと、価値の増殖とは直接関係のない金融の見地からとの、二つについて言えるのではないかと思う。労働者による生産ではなく、金融という手段で利益を上げようとする資本の活動が、世界にまたがって行われるようになったことについては、本書では「7」の章「金融化」でも説明するが、マルクスは金融という手段で利益を上げようとすることについては、「利子生み資本」の運動として説明している。しかし話が難しくなるので、ここでは立ち入らないことにする。

筆者がここで説明したいのは、資本の増殖運動、お金儲けの運動は、基本的には一つの国の中だけの運動として始まると考えてよいのであるが、それが段々と一つの国の中だけでは納まらなくなり、運動があっちへ行ったり、こっちに来たりと複雑になり、おしまいにはその資本（企業）が、一体どこの国の企業だか分からなくなるということである。そういう運動の仕方をする企業のことを多国籍企業という。子会社があっちこっちの国に散らばって、貨幣Gから始まって貨幣G′として戻ってくる資本の運動の、色々な段階をあっちこっちの国で分担する。それだけでもその会社の全体像を掴み難くしているのであるが、第一本社がとんでもない国にあったりして、もうわけが分からなくなっているのである。こうして資本は英語で言えばグローバライズ（globalize）、直訳すると「地球化」するのであるが、ここではまず『資本論』に従って、資本の運動が実はほかの資本の運動と絡み合っていること、そして、一つの国の中だけでなく外国と関係を持たないとやって行けなくなることを説明する。マルクスは『資本論』で、まず商品の交換から貨幣が生まれることを説明し、それを増やすためには一旦貨幣の姿を脱ぎ捨て、労働力と生産手段という姿に変態し、労働者が労働して生産が行われなければならないこと、この姿態《したい》変換運動、言い換えると価値増殖運動をすることによって貨幣が資本になることを説明した。このことをマルクスは、「資本の生産過程」と名付け、『資本論』第Ⅰ巻の名前にした。

この生産過程で、労働者によって生み出され、増殖された価値は商品の姿を取っているわけであるが、その増えた価値は、商品が売れて、初めに投下された時より増えた貨幣になって無事に戻ってこなければ実現されたとは言えない。売れなくて不良在庫になれば、腐ったり古臭くなって、商品としての価値はなくなってしまう。この「売れなくては何にもならない」ということから、ではどこに売るのか、だれが買ってくれるのか、という重大問題を解決してくれるのは、実は資本の運動の絡み合いである。一つの資本の運動の最後の段階で、言い換えると流通の段階で、他の資本の運動と関係するのである。

こっちの資本は他の資本の生産した商品を買い、他の資本はこっちの資本の生産した商品を買う、という資本主義的生産の、社会全体の、商品の売買、流通関係であることを、マルクスが説明したのが『資本論』の第Ⅱ巻である。だから第Ⅱ巻の名前は、「資本の流通過程」である。

こうしてマルクスは資本主義経済の仕組みを説明してゆくのであるが、そこに描かれた資本の運動の姿は個別の資本の運動の姿と見てもよいし、一国の資本全体の運動の姿と見てもよい。実際には資本が買う労働力の持ち主の労働者の中には外国から来た者も居るかも知れないし、生産手段は外国から輸入した機械かもしれない。原材料では石炭や鉄鉱石は日本の場合に限らず、外国から来たものが多い。地下資源は地球上で偏って存在しているものが多いからである。しかし、資本の運動の基本を説明する時に、初めから外国貿易の要素を入れて説明しようとすると、話が複雑になるから、そこには触れないことにする。

◆商品と貨幣の過剰の始末

最初に外国との関係が重要な問題になるのは、資本の運動の最終段階、商品が売れて無事に元の貨幣の姿で還流し、生産された価値が実現するかどうかという所である。この段階がスムーズにいけば、問題は起こらない。しかし、必ず問題が起こる。過剰生産は資本主義経済に付き物である。資本主義経済の基本形が完成した19世紀末の長期に亘る大恐慌はなかなか解決せず、それに続く20世紀前半は、戦争と革命の世紀となり、アメリカの大恐慌、次いで世界恐慌が起こって、過剰と恐慌が資本主義の不治の病であることを示した。

こうして帝国主義と言われる時代に入ったのであるが、資本にとっての病状は売れない商品の山、機械が動いていない工場であるから、これを何とかしようとすれば必ず輸出競争が起こる。輸出を増やすためには為替相場が安いほうが良いに決まっているから、為替相場引き下げ競争が起こる。そして、輸出品に補助金を支給したり、輸入品に高関税をかけたり輸入制限をする。つまり、貿易戦争である。過剰になった商品の始末と並んで問題となったのは、過剰となった貨幣、貨幣形態の資本の始末である。資本は増殖のためには絶えず運動をしなければならないから、姿態変換運動の最後の段階で、無事に貨幣の姿で還流してきたら、すぐさま再び労働力と生産手段の姿に変わらなければならない。

よくある初歩的な誤解の代表的なものであるが、たくさん儲かったら企業の手元に貨幣がたくさん溜まると思い込んでいる人が多い。もしその業界の景気が良ければ、還流して貨幣の姿に戻った資本は、すぐさま次の運動に入る。増殖した分すなわち利益もつぎ込み、さらに銀行からも借金して、より多くの原材料を仕入れ、たくさんの労働者を雇う。だから景気の良い時には企業の手元にはお金はない。

反対に景気が悪ければ、還流してきた貨幣は、少なくともその一部は、すぐ姿態変換運動に入らないで貨幣の姿のまま留まる。極端な場合、その企業の事業の中で不採算の部門は売却してしまう。ひどい時には会社全体を売り飛ばしてしまう。損得は別として巨額の金が手元に入る。こうして景気の悪い時、経済成長が停滞する時は、貨幣が手元にたくさん滞留する。

この経済停滞と貨幣の過剰の大先輩が、19世紀後半からのイギリス経済である。企業は金が余り、銀行は貸すところがなく、証券市場で株式や社債を発行して資金を調達しようとする企業など皆無になる、というはずである。ところがロンドン証券市場は活発に活動した。なぜなら大英帝国は世界に広がり、多くの植民地・従属国を支配した。そして、それらの国の鉱山や農園の経営に投資した。これが直接投資である。また、イギリスとの影響下で独立した国や、スペインから独立した中南米諸国は、アメリカの州債をはじめとして、活発に国債、地方債を発行した。これに投資するのが間接投資、または証券投資である。ロンドンは直接投資の開発、仲介、証券投資の仲介で、世界の金融・資本市場となった。なかでも証券投資の仲介は、各国の国債、社債、株式の引き受け、投資家への売りさばき、取引所への上場紹介など多彩で、この業務を担った金融業者はマーチャントバンクとよばれ、第一次世界大戦によってアメリカのウオール街の投資銀行業者にその地位を奪われるまで、世界の金融を支配する地位にあった。

◆資本の増殖運動自体の分散へ

19世紀末から20世紀にかけて、過剰な商品の輸出や、同じく過剰な貨幣資本の輸出で、世界は騒がしくなり、国際間の対立が激しくなった。いわば投資先の分捕り合いである。その極端な表れが二次にわたる世界大戦であるが、第二次大戦の末期から、為替相場引き下げ競争や関税の引き上げ、補助金の支給、輸入制限などの貿易戦争をやめ、多国間の、出来れば世界中の国が参加しての、協定や条約によって、何とか協調していこうという動きが出てきた。この動きをリードしたのはもちろんアメリカで、アメリカは戦勝国のリーダーであり、世界の最強国であるが、大戦中は勝つために無制限に膨張していった生産力が、戦争が終わると大変な過剰となり、戦線から復員してきた兵士たちが失業者の大群になるのと並んで大きな脅威になったのである。

この動きの中で、各国の通貨の価値、したがって、為替相場を固定して、通貨をめぐるゴタゴタをなくしようとしたのが、1944年、アメリカのニューハンプシャー州ブレトン・ウッズで、44ヵ国の代表を集めて開かれた会議で協定され、1944年に設立された国際通貨基金（IMF International Monetary Fund）と協定による為替相場固定体制である。

また、関税率や輸入制限による貿易戦争をなくしようとしたのは、1948年に結ばれたガット（GATT General Agreement on Tariffs and Trade 関税及び貿易に関する一般協定）と1995年にそれに代わるものとして協定され、設立された世界貿易機構（WTO World Trade Organization）である。

これらは為替と貿易、つまり資本の運動の最後の段階（W′—G′）である。商品、過剰に生産されて中々売れない商品をいかにして売るか、という問題についての国際間の対立を、2国間の交渉でなく多国間の交渉と協調によって解決しようとしたものであるが、国際間の対立は一向になくならなかった。特に2017年に就任したアメリカ大統領トランプは、アメリカがリードし、時には強要した多国間協調路線を、今度は何とアメリカ自身が叩き壊そうとするものであった。トランプが問題としたアメリカの貿易赤字は、次に説明するようにアメリカの資本が推進した生産過程の多国間分散、つまりアメリカの大企業の都合によるものであるが、その犠牲になって衰退した産業と、それによって失業し中産階級から没落した労働者の不満を煽って、トランプは大統領の座を手に入れたのであった。

ともかくこのように、資本の過剰を何とか処理しようとして激しくなる国際対立を、多国間の協議によって緩和しようとする試みは、20世紀以来100年経っても一向に進展しない。しかし、これに対して第二次大戦後急速に進展したのが生産過程の多国間分散、企業の多国籍企業化である。金融においては貨幣は資本主義経済の発展の早い段階から、色々な国の間を飛び回ったのに対して、生産過程は一つの国で全部行われるのが当然とされてきた。しかし、この過程が分割されて違った国で行われるようになったのである。生産過程のグローバライゼーションである。

◆先進国から脱出する資本とその受け皿の新興国

生産過程の多国間分散の動機は、何よりもまず第一に低賃金の追求である。低賃金の追求は資本主義経済では初めから一貫しているが、それを後発の、資本主義的生産を開始して間もない国の製造業の場で推進するためには一定の条件が必要であった。それは労働力の質の向上である。第二次大戦後大きく進捗した旧植民地・従属国の独立と、眠れる超大国であった中国の革命の成功により、かなりの数の国で政治的安定と教育の普及が進んだことは、労働力の質の向上に大きな効果を及ぼしたと思われる。しかもそれらの国で、生活の安定と所得の上昇が達成されたことは、人口の急速な増加をもたらし、またそのことは、全人口の中で生産年齢人口の比重が高いことを意味し、いわゆる人口ボーナスの状態にあったことは、先進国から脱出する資本の受け手として申し分のないことであった。

言い換えれば、第二次大戦後に数多くの国が独立したアフリカやあるいは中近東、さらに独立してかなりの年数が経過した中南米のかなりの国で、政治的経済的不安定や内戦が続き、その結果製造業が殆ど発展せず、あるいは根付かないという状況であるのに対して、上にあげた諸国では、製造業が目覚ましく発展し始めたのである。これらの国を一般に新興国と呼んでいるが、最も目立つのは東アジア、東南アジアなどのアジア諸国で、その中の最大の国である中国は生産高で日本を抜き、アメリカの地位さえ脅かしつつある。

資本の増殖運動の各段階が分解されて複数の国にまたがるということは、具体的に言えば生産拠点の移動、つまり工場の移転である。アメリカを中心とする先進資本主義諸国は、第二次大戦での軍需生産による巨利と戦後復興での利益、財政支出による繁栄期が過ぎると停滞期に入るが、その原因として賃金水準の上昇を挙げるようになった。そして、そこに登場したのが先に述べた新興国であり、それらの国の安価で豊富な労働力であった。

かつての帝国主義時代の外国への資本進出は前にも述べたように鉱山の開発や農園の経営が中心で、そこで必要とされる労働は教育を必要としない過酷な低賃金肉体労働であった。しかし、20世紀の最後の4分の1世紀以降盛んになった対外進出は製造業資本によるものである。それが必要とする労働力は鉱山や農園での過酷な肉体労働に耐えるものではなく、また女性にも可能な、縫製加工から始まって、電子部品の組み立て作業労働が中心である。

◆どんな産業から移っていくか？

生産拠点の外国への移転は、資本主義的生産の最初がそうであったように繊維産業からであった。

移転の主な動機が労働力であるから、繊維産業でも一番たくさん労働力を必要とする最終工程、つまり縫製加工工程がまず移転する。そして、低賃金を求めて次々とより賃金の安い国に移転していく。日本の例で言えば、繊維製品の最終工程としての縫製工場の中心地は、静岡県西部から愛知県、それに岡山県西部と愛媛県あたりであったが、まず台湾、韓国に移動し、さらに中国に移った。次に述べるように中国は日用品、雑貨、家具の世界最大の生産国、輸出国になったが、衣料品の生産は中国の一人当たりＧＤＰの上昇＝賃金の上昇（もちろん欧米や日本と比較すれば低賃金であるが）に伴ってベトナムやミャンマーなどもっと西に移り、２１世紀１０年代にはバングラデシュが縫製産業の西への移動の最先端にあった。衣料はもっとも簡単な製造業で、移転も簡単で素早い。

衣料は個人の必需品として代表的なものであるが、衣料の外靴、鞄その他の日用雑貨や家具など、食料を除く個人消費の対象となる商品の大部分は、先進国の代表アメリカを脱出してあとは空虚となり（食料に関してはアメリカは大農業国、大輸出国である）、中国など東アジア、東南アジア諸国や中米・カリブ海諸国で生産した商品をアメリカに輸入するという構造になった。先進国の大企業は自国の労働者の相対的な高賃金を避けて低賃金国の労働力を使用し、その国に多少の産業利潤をこぼして製品を安価にアメリカその他の先進国に運び込み、ウォルマートに代表される大規模小売商業や、アマゾンに代表される大規模インターネット商業（Ｅコマースと呼ばれる）が巨大な商業利潤を手に入れるという仕掛けである。アメリカの大資本は製品の企画・開発だけを行い、生産過程は遠く離れた新興国の現地資本か現地資本との合弁、あるいは自社の現地法人企業にやらせるという世界展開である。

このような構造、世界展開はアメリカの企業に限ったことではなく、先進国の大企業すべてに共通している。そして、このようにアメリカの企業の現地法人が生産したものであろうと、現地資本が生産したものをアメリカ企業が仕入れたものであろうと、それをアメリカに輸出すればそれは企業内貿易である。形式的には新興国の輸出、アメリカの輸入であるが実態はアメリカの企業内貿易であるという現象は、生産過程の国際的な分裂、新興国の低賃金労働の追求の結果、年々著しくなっている。そして、これはアメリカの巨額の貿易赤字を形成するが、その赤字が大きければ大きいほど、アメリカの大企業の利益は大きい。日本も段々と貿易黒字が縮小し、最大の輸入品である原油や天然ガスの価格の高騰に伴って貿易は赤字になりがちである。そして、利益は在外現地法人に蓄積されている。これはアメリカだけでなく、先進資本主義国すべてに共通することである。ところがアメリカのトランプ政権はそれによる失業の増大の責任を対米貿易黒字国に負わせ、２０世紀に終わったはずの貿易戦争、関税引き上げ戦争を再開した。

◆自動車、電気・電子半導体産業では？

前節で取り上げたのは繊維工業を始め消費者が日常消費する日用品の生産と流通の世界展開であるが、何といってもスケールが大きいのは２０世紀以来の、世界の資本主義経済の代表的産業である自動車工業と、電気・電子・半導体産業であろう。この二つの大産業は技術の範囲が広範で、産業的には多種類の部品の生産とそれをアッセンブルして最終製品に組み立てる工程にはっきりと分かれるだけに、それを分離し、いくつもの国に分散する形がはっきりと見て取れる。

日用雑貨や家具などの場合は構造が単純であるから、部品や工程を分割して別々の国で生産し、それをどこかの国に集めて完成品に組み立てるということはほとんどなく、最終製品までの生産拠点をある国にまとめて移転してしまうとか、デザインだけを決めて生産は完全に外国業者に委託してしまうという形が多いのではないかと思われる。

これに対して、例えば現代の製造工業の先端製品として高機能化したスマートフォンの場合などは、部品がそれぞれ別個に高度化し、激烈な機能競争とコストの競争が展開された結果、部品ごとに特定の国の特定の企業に生産が集中し、専門化して生産過程がいくつもの国に分散し、グローバライズした典型的な例であろう。要するに低賃金を利用して利潤を追求するために、生産拠点を他国に移転してしまうという現代資本主義の一般的傾向の中で、技術的に簡単な商品と高度な商品とで、移転の仕方が分かれていることが観察されるということである。

ただ、自動車工業と電子工業を比べてみると、電子工業は20世紀末に急速に発達したのに対して自動車工業は発達の歴史が長く、激しい競争を経て少数の企業に集中しているだけに、各々独自の技術史的蓄積があると思われ、独自の自社技術の結晶としての車を作っているように見える。したがってまた、部品の開発に関しても独自のものが多く、電子部品のようにある部品に関しては企業横断的にその企業の製品を使用せざるを得ないということは少ないのかもしれない。したがってまた、強固な部品のサプライ・チェーンが形成され、生産過程の国別の分裂ということが電子・半導体部品工業ほどには見られないのかもしれない。自動車工業の場合には生産拠点の分散は、市場別に完成車の生産拠点を分散し、本国からかなりの部品を輸送するという形のものが多いように思われる。

右のような見方が正しいとすれば、生産過程のグローバライゼーションに関しては、自動車工業よりも電子・半導体工業の方が典型的ということが出来よう。特にこの業界では、委託された先の製品を、そのブランドで完全にそのまま生産するというビジネスが発達しており（OEM　Original Equipment Manufacturing という）、ＯＥＭ企業は各国の企業の製品をそのブランドの企業に代わって生産している。

このように生産過程の分化が発展すると、企業本体の機能は研究開発だけとなり、生産過程は部品も完成品も国外のＯＥＭに分散することになる。特に電子部品は、例えばメモリーやコンデンサーなどのように高度に精密化し、少数の国の特定の企業に集中している。また、ある特定の商品毎にその商品の生産に必須の部品が決まり、それを生産するメーカーが決まっていく。これが先にも述べたサプライ・チェーンである。

◆金融または資本のグローバライゼーション

前節まではいわば生産のグローバライゼーションである。しかし、資本の増殖運動が行われるのは生産という舞台だけではなく、金融という舞台でも行われている。金融という舞台で資本がどんな仕掛けでお金を儲けているかについては、後に「金融化」という章で説明するが、ここでは、金融による金儲け、資本の増殖が、以前から世界にまたがって行われているのではあるが、近年以前とは違った意味で、大規模に、しかも日常的に行われていることを簡単に説明しておく。

まず、基本的なことで大事なことは、金融のグローバライゼーションと言っても、単にお金を地球上のあちこちに動かすことではないということである。それだけのことならずっと以前から行われている。資本が過剰の時代、帝国主義の段階、資本が輸出される時代に入って、もう100年以上も前から、お金は地球上を活発に動いている。日露戦争は100年以上も前に、日本政府がロンドンとニューヨークでお金を借りて始めた戦争である。日本政府はロンドンで国債を発行し、それをロンドンの金融業者が引き受け（発行した国債を全部売り切ることを保証し、もし売れ残ったら自分が全部買い取ることを約束する契約）、イギリスとアメリカの投資家に売りさばいた。東京から見て地球の反対側でやったことである。そして国債を売った代金は、別にポンド札や金に替えて東京に持って帰ったわけではない。ロンドンの銀行に預けて置き軍艦などを買った代金をそこから支払った。これに対してロシア側にはフランスの銀行がついていたと思われる。フランスの銀行は伝統的に外国、特にロシアに対する貸し出しが多い。

◆現代のお金の動きは？

日露戦争は20世紀初頭における出来事であった。帝政ロシアが東へ東へと領土を拡げて遂に極東に達し、不凍港を求めて南下したのと、ようやく開国した日本の、欧米列強の極東植民地化に対抗しようとした意欲が、いつの間にか自分自身のアジア大陸諸国に対する帝国主義的野心に置き換わった結果としての衝突であったが、それは同時に中近東から始まってスエズ以東、中央アジアからペルシャ（現イラン）・チベットを経て清朝中国に至るイギリス帝国主義の東方進出線の南側イギリスと、北側ロシア帝国との対立の最東端における代理戦争であった。直接にはニューヨークのユダヤ人投資銀行の引き受けた国債の売上代金であるが、イギリスは自分の代わりに宿敵と戦ってくれる重宝な日本人のために戦費を貸してくれたわけで、緒戦における日本の勝利の後は、開通したばかりのシベリア鉄道を使って大量の武器・兵員の輸送が完了し、極東シベリアに集積を終わったロシア軍の勝利が確実になると見通したイギリスとアメリカは、貸した金がフイになるのを防ぐために強烈な外交圧力を行使してやっとロシアに講和交渉に入るのを承知させたのであった。つまり日露戦争が開戦できたのも、日本がロシアに占領されないうちに講和できたのも、ロンドンとニューヨーク発の、貨幣資本のグローバライゼーションの自己都合の働きの結果である。世界の大勢と自分の実力を理解できない井の中の蛙の日本は、それから40年の後日本全土を焦土と化してしまう。

日露戦争から既に120年ほど経過して、各国の資本輸出、貨幣のグローバライゼーションは、多くのことが変わった。その中で一番変わったのは、世界を飛び交うお金がポンドからドルに代わったことである。そして、お金を動かす中心地、世界の金融の中心地がロンドンからニューヨークに移った。ところが筆者を始め研究者が困ったことには、ロンドンもまた、世界の金融の中心地と言えなくもないのである。そのわけはユーロダラーの存在である。
ユーロダラーというのは、イギリスの銀行や、諸国の銀行のロンドン支店で扱っている預金でありながら、そのお金がポンドではなくドルだということである。そもそも銀行と貨幣の関係であるが、どこの国の銀行も、取引先の企業が外国と取引していれば、必ず外国のお金、現在であればドルを持っている。しかし、それはその銀行の資産として、アメリカの銀行の預金口座に、ドルを預金として持っているのである。その銀行がユーロダラーを持っているというのは、「預けている」のではなく、「預かっている」のである。

非常に多くの人が錯覚していることなので、ここでちょっと説明しておくが、銀行が預かっているのは「預金」ではなく貨幣である。貨幣を預かっているということで（法律用語で言うと「消費寄託」を受けている）、銀行は顧客から預金という債務を負っている、という関係になっている。預金というお金はない。現代の貨幣は中央銀行の発行した銀行券と政府が製造した硬貨で、それが銀行以外の所、つまり我々の財布の中にあれば現金、銀行にあってたいていは銀行が中央銀行に預けてしまっているのは俗にそれを預金という。正確には預金になっている貨幣である。

ユーロダラーという妙な預金を始めたのは、旧ソ連とイギリスの銀行である。スエズ運河をエジプトが国有化した時、それに介入してイギリスとフランスが出兵しようとしたとき、旧ソ連はエジプト側につき、阻止した。その時ソ連は政府や企業が持っているドル（アメリカの銀行口座に持っている預金残高）がアメリカ政府によって凍結される（ひきだせなくすること）のをおそれ、残高全部をロンドンの銀行にドルのまま預金してしまった。

この結果旧ソ連の政府と企業はイギリスの銀行の預金口座にドルの残高を持ち、イギリスの銀行はアメリカの銀行にある預金口座の残高が同額だけ増えた。ソ連が持ち込んだ小切手はそのイギリスの銀行がアメリカの銀行に持っている預金口座に入金されたからである。これでイギリス、アメリカ、フランスの政府は、ソ連のドルに手が出せなくなった。これがユーロダラーの始まりである。そしてこうした預金口座は、オフ・ショア口座と呼ばれ、国内の一般の預金とはまったく別の扱いになっている。どこの国にもある。もちろん日本の銀行にもある。しかし、内容はまったく分からない。秘密の金、怪しい金という感じが付きまとい、あとで説明するタックス・ヘイヴン、脱税したお金、犯罪組織のお金の隠し場所は、どこにでもあるんじゃないかという疑惑のもとにもなっている。タックス・ヘイヴンに関する本を読むと、なんと東京もタックス・ヘイヴンの中に入れられている。

それはともかくとして、ユーロダラー口座はとても自由な口座であることは確かである。一般に銀行の業務、とりわけ預金口座の金の流れについては、どこの国の金融監督当局も規制や監督が厳しい。金融政策とか、犯罪組織の資金の追及とか、色々な面からである。20世紀の60年代にはアメリカは貿易が毎年赤字の上、経済が停滞して銀行も機関投資家も資金の運用先がなくて困っていたから、資本輸出が盛んであった。つまりお金が、外国に出て行こう、行こうとしていた。ドルを売って外国通貨に替えようとすると為替相場でドルが安くなって色々な面で困ったことが起こるし、そうでなくてもアメリカのファンドや大企業、大銀行、大富豪は競ってお金をユーロダラー口座に移した。先に言ったように、それでロンドンの銀行のアメリカの銀行への預金は増えるから、アメリカ国内のドル預金口座残高はプラマイゼロである。しかし、ロンドンの銀行の預金口座のドル建て預金残高と、アメリカの銀行へのドル預け金残高は増える。そして、それを裏付けにして貸し出しをする。そうすると妙な話であるが、ドル預金総額が、ロンドンで増えるということになる。筆者は国際金融業務の実務などやったことがないから、このあたりのことは分からない。

２１世紀の現在、貨幣のグローバライゼーションはこのユーロダラー口座の上で起こっていると言っても良いのではなかろうかと思われる。しかも動いている金額が大変巨額である。しかも外部からなかなか分からない。そもそもロンドンの銀行街シティー（近年はもとの場所から離れた所に移転した銀行も増えたようであるが）は、外国銀行の支店も含めて、イギリス政府に対してまるで自治権でも持っているのではないかという感じがすることさえある。

このあたりのことだけを見ていると、国際金融と国際投資、貨幣のグローバライゼーションの中心はロンドンだという気がしてくる。しかし、お金が動くのは契約の結果である。では契約はどこで結ばれるのかというと、それは市場である。市場は取引の場である。市場の大きさは参加者で決まる。そこに登場する金融機関、機関投資家、ファンド、大富豪などの巨大さ、取引の規模の大きさ、それらはどれをとってもアメリカが圧倒している。そして、市場は金融政策、財政政策の実施の場である。アメリカの市場は世界最大の政府、最大の政府証券の発行者である連邦財務省（Treasury）、それと連邦準備（Fed）が登場する市場である。だからお金の動きの震源地は何といってもニューヨークである。

ただ、アメリカ政府機関を除いて、具体的な売買、貸し借りの指令が発信されているのが、ニューヨークであるとは限らない。現代の通信手段の発達、デジタル化は距離をゼロにしてしまった。とするとあとは時間的な便利さ、仕事の環境の自由さである。ニューヨークとも、ロンドンとも、東京とも、時差が大きくないシンガポールが、ファンド・マネージャーの根拠地、指令の発信地として著名なのはこうした理由からである。

5　労働者の抵抗と資本主義の妥協

◆労働者の抵抗、社会主義思想の広がり

この章「5」で説明することは、要するに資本主義的生産が発展するにつれて労働者は失業の増大と貧困にさらされ、抵抗が増大したこと、そして、労働者の抵抗と社会主義思想の広がり、20世紀に入って発生したいくつもの社会主義革命など、資本主義の根底に対する脅威に対して資本の側が譲歩したこと、さらにそういった問題の根本にある景気の長期に亘る停滞の原因を需要の不足と捉え、財政支出を拡大することによって需要の不足を補い、問題を解決しようとしたことなどである。

前章までで説明してきたことは、資本主義的生産が発展するにつれて発生した生産と資本の過剰を

解消しようとして、新しい産業の発展に力を入れたり、過剰になった商品や資本を輸出したり、さらに20世紀後半になると生産の拠点を外国に移すなど、資本の運動をグローバルに拡げたりすることであった。いわば資本自体の、問題解決のための努力、あがきである。

しかし、これと並んで労働者の抵抗、社会主義思想と革命の脅威に対処するために資本の側が譲歩し、不十分ながら劣悪な労働条件と生活環境を改善しようとする動きも見られるようになった。このような動きは、例えば日本の倉敷紡績（現・クラボウ）の創業家である大原家の事業のように、資本家の側で自発的に取られたものもないとは言えないがそれは例外的で、政府や議会など、国家権力による資本に対する規制の形を取っている。そして、そのことは次章で述べるように、資本の側の譲歩に対する反動、反撃としての新自由主義が、その思想を実現するための手段として議会で多数を占め、「改革」、「規制緩和」、「小さい政府」などの名の下に労働者保護立法と社会政策立法の「改革」、撤廃を行ったことにつながる。

◆救貧法・工場法・社会政策

前節で述べたような労働環境改善立法の端緒は、イギリスの資本主義が発展していた時代の「救貧法」や「工場法」と言われる。また、「社会政策」と言われる言葉は、右に述べたような資本の労働者階級に対する妥協、譲歩としての色々な政策や立法を広い意味で捉えたものと言えるであろうが、その初めは資本主義国としてはイギリスよりも後進国のドイツで唱えられたものとされている。

1871年、神聖ローマ帝国という名目的な帝国の名のもとにたくさんの伯爵領などに分かれていたドイツ人の邦《くに》の緩い連合体を、ブランデンブルク辺境伯のプロイセンが統一した、初めてのドイツ人の国であるドイツ帝国が生まれたが、その功労者であるビスマルクは、自由主義者や共産主義者などを、徹底的に弾圧するとともに、労働者階級をなだめて味方につけるために色々な宥和政策をとった。これが社会政策と呼ばれるものである。

したがって、社会政策学者はドイツの学者が中心であったが、彼らは資本家の極端な利益追求、極端な自由競争に反対し、労働者保護立法を支持したけれども資本主義そのものには賛成で、害悪を排除するためには資本主義そのものを打倒しなければならないとする社会主義・共産主義には反対であった。

この点で興味深いのは、1940年代に日本で東大の大河内一男と東北大の服部英太郎の間で交わされた社会政策論争である。詳しく説明する余裕はないが筆者の理解によれば、大河内は、資本主義の側が、円滑に資本の運動が行なわれるためには個々の資本、企業の立場を一応離れ、労働者の保護、労働条件の改善措置が必要であると考えるのが社会政策の基本理念であると主張した。服部はこれに対して、労働者の保護・労働条件の改善は、労働者の抵抗、階級闘争の結果として労働者が勝ち取ったものであると主張した。筆者は服部説に賛成する者であるが、あとで述べるように多くの社会政策上の諸制度が、労働者と資本の妥協によって、しかもしばしば政府の介入によって成り立ったことを考えると、現実の社会政策の諸制度が成立するには、大河内が考えたような要素も、多少は働いたと言えるかもしれない。

◆労働者保護立法

今までにも述べたように、20世紀の前半は戦争と革命、そして大恐慌の時代であった。そして戦争の惨禍は資本主義国に多少の反省を、革命と大恐慌は恐怖を、資本家と企業、そして政治権力者にもたらしたと思われる。欧米諸国では労働者の権利の拡張と資本の側での譲歩が見られた。これに対して日本では天皇制政府と議会、そして財閥大企業が一体となって反動を強め、労働者の権利の拡張を主張する者は、天皇制という「国体」を危うくする者として「治安維持法」によって徹底的に弾圧され、労働者保護立法、過当競争排除・独占排除立法は、第二次大戦後実質的にはアメリカ占領軍によって初めて実現された。占領初期には占領軍の軍政スタッフには、多数の（次に述べる）ニューディーラーが含まれていたからであると思われる。

社会政策的諸立法、資本の恣意的な行動を規制する諸立法が著しく進展したのは、アメリカの大恐慌後出現し、第二次大戦終結まで続いたF・D・ルーズベルト民主党政権によるニューディール政策によってである（ニューディールとはトランプ遊びで一勝負終わった後でのカードの配り直しのこと、「新規まき直し」の意）。

しかし、それではルーズベルトは、労働者の立場に立ってニューディール政策を進めたのかというとそうは考えられない。彼の心を占めていたのは大恐慌、数千万人の失業者、大干ばつと大戦終了による食糧農産物の世界的過剰に起因する世界的農業恐慌によって土地を失った多数の農民が反抗することへの懸念、彼らが暴動、革命へ傾斜することに対する恐怖であった。ルーズベルト夫人は大変進歩的な女性であったと伝えられ、ニューディール政策の実行にルーズベルト政権に参集した人々はニューディーラーと呼ばれ、進歩的な思想の持主であったが（アメリカでは政府中枢幹部を始め、各省庁の幹部も大統領が就任する時に任命し、官僚の出世コースではない）、政策実行の最終的権力の持主である大統領の頭を占めていたのは、社会不安と革命の元である不景気から、一日でも早く脱出することであった。景気と物価とを単純に結びつけていたルーズベルト（現在の日本にもこれと同様の間違いに冒された首相と中央銀行総裁が見られるようであるが）は、物価上昇を景気回復のシグナルと信じ、毎朝起きると側近に、物価は上がっていないかと聞いたと伝えられている。

それはともかくとして、ニューディールの下で労働者の争議権、団結権を認める労働者保護立法は大幅に前進した。近世以来の自由平等思想は、人間が生まれながらに自由平等であると主張するわけであるが、契約や対立・紛争の解決交渉に際して双方の立場が対等であることを前提している。しかし最も重要なことは、資本主義経済においては、資本家・企業と労働者の立場は決して対等ではないことである。労働者は解雇されれば生きていけないという決定的な弱味があることを忘れてはならない。労働者は争議権、団結権、解雇に反対する権利を持って初めて、資本家と、雇用という契約を結ぶときに立場が対等になる。ただ単に「人間はお互いに自由な立場で交渉することが出来る」というだけでは、労働者の立場は決定的に不利である。

アメリカではあとで説明するコモン・ローの考え方に基づいて（実際には「悪用して」と言った方がよいのであるが）、労働者が労働組合を作って団結し、ストライキやボイコット、情報宣伝活動などの争議行為を行うと、それは「共同謀議（conspiracy）」であり、不法行為であるとして裁判所が差し止め命令を出して争議を禁止していた（これを争議行為禁止命令 labor injunction という）。これに対してルーズベルトの就任前から、1914年のクレイトン法、32年のノリス・ラガーディア法によって裁判所の差し止め命令を制限し、また、労働者の団結と争議の抑圧を制限して、労働者の団結と争議の抑圧を段々と緩和していたのであるが、33年に就任したルーズベルトのニューディールによってアメリカの労働者保護立法は大幅に前進した。

◆ドイツでは？

アメリカと並んで1930年代にドイツでも労働者の立場の前進が見られた。第一次大戦末期にドイツは、スイスに亡命していたレーニンをひそかにロシアに送還し、二月革命で帝政に代わって政権を握っていた社会民主主義政権を、レーニンが指導するボリシェヴィキ（「ロシア社会民主党の多数派」という意味）が十月革命（露暦で10月、一般の西暦では11月）で打倒した。ボリシェヴィキ政権はロシアには不利な条件も呑んでドイツと早期に単独で講和したので、一時的にドイツは戦局が有利になったが、キール軍港の水兵の反乱から革命に発展し、ドイツは帝国から共和国になった。首都をワイマールに置いたのでワイマール共和国と呼ばれた。最左派のローザ・ルクセンブルクらが暗殺されたので、政権は社会民主党が握った。

この政権下でドイツの資本家と労働組合側が交渉を始めたわけであるが、最大の問題は労使間の紛争を、どういう形で協議し、解決していくかであった。ゲルマン人の一派であるアングロ・サクソン族の国であるイギリスとアメリカでは、ゲルマンの慣習法（決められた法律の条文に従うのではなく、ゲルマンの慣習に従って判事が決定する。判例が法律）の形式的な自由、対等の欠点を補って労働者の団結権、争議権を判事が認めた。欠点を補ってバランスを取ったようなもので、こうした法律を衡平法という。

これに対してドイツでは、労働者と資本家が話し合い共同で解決するという考え方が採用された。第二次大戦後の西ドイツ、現在のドイツでも共同決定法という法律があり、企業内部の問題は労働組合と資本家側とが協議して決定することになっている。このために役員の内1名は労働組合の代表であることになっているが実効は甚だ疑わしい（この役員は監査役と訳されているが間違いで、Aufsichtsrat というドイツ語の「役員」は取締役 Direktor より上である）。

ともかく、労使間の問題あるいは紛争を労働組合と資本家の代表で協議して解決することを制度として決めるということは、資本家の側からすると譲歩である。ワイマール共和国が生まれる前、第1次大戦末期の1918年11月に、主な労働組合と資本家側の団体の間でまず「11月15日協定」が結ばれ、労働組合そのものの存在を認めることを始めとして、長年労働者側が要求してきたことを資本家側が大体において承諾した。

「11月15日協定」が結ばれたのは、ドイツ革命が勃発して第一次大戦が終わる数日前であるが、ドイツ国内では革命の機運がみなぎっていて、資本家陣営は革命の恐怖にとらわれていた。しかし、革命によって成立したワイマール共和国で1923年10月に施行された政令「仲裁制度に関する命令」による国家的仲裁制度は、労使間の紛争解決に国家権力の介入を許すもので、労働者から見れば大きな後退であった。

1918年における労働陣営の勝利からわずか5年後の23年の後退に至ったいきさつは、この間の巨額の賠償金支払い、天文学的な倍率のインフレーションによる経済状態の極度の悪化、労働争議の頻発と革命の恐怖が薄らいだ資本家陣営の強力な反発による社会的な不安定を見た国家権力が、介入によって安定させることが経済復興のために必要と痛感したことによるものであろう。

いずれにせよ国家権力の介入が制度化されたことは、1932年にナチスが議会で第一党となり、翌33年には武装したナチス党突撃隊に包囲され生命の危険にさらされた国会議員が、ヒットラーに全権を委任する法案を可決して、ヒットラーに独裁を与えたことにより、労働者の権利が消え去ったことにつながるものであった。

この誤りは第二次大戦後にも引き継がれ、一時停滞していたドイツ経済を立て直すために、驚くべきことに社会民主党政権が、解雇を制限する法律を撤廃したのである。これによってドイツ資本家側は、賃金を引き下げて利潤率を上昇させることに成功し、ドイツ経済をEUの中で際だって強力なものにしただけでなく、EU諸国が競ってドイツに倣って解雇を自由化して労働者に対する攻撃を強める模範になってしまったのであった。

◆銀行の業務を規制する

ニューディールで行われた色々な改革の中で、労働関係の改革と並んで重要なものは金融の改革である。その中核になる考え方は、金融機構の中における資本の行動の規制である。アメリカは合衆国という国名であるように、ヨーロッパからの移民が次々と植民地を作り、それが州になり、州が合体し、イギリスの植民地から独立した連邦国家だから何事も州が先に立つ。制度も州によって違い均一ではない。連邦（United States）の権限は外国と戦争をすること、条約を結ぶこと、それに州際商業（inter state commerce）に関することだけである。しかし、ビジネスは一つの州の中だけで行われる（intra state）ことは滅多にないから、たいていのことは連邦の法律・制度に引っかかる。しかし、初めは連邦の銀行法などはなく、州の法律による銀行、いわゆる州法銀行しかなかった。この州法銀行はイギリスの銀行とは違い、大陸ヨーロッパの銀行と同じように銀行であると同時に証券会社でもある。モルガンなどウオール街の大物はみな州法銀行であった。1863年に初めて、合衆国全体としての、つまり連邦法としての銀行法が出来、それに基づく銀行が出来た。これを国法銀行という。1929年に証券市場が大暴落し、大恐慌が爆発する前は、アメリカ経済は長期の好景気に浮かれ、「永遠の好況」などと浮かれ、証券市場は大ブームであった。

この当時ウオール街を握っていたのはモルガンを始めとする州法銀行（中で有力な業者を投資銀行と

俗称した）であった。優良証券、つまり優良な株式や社債を発行する優良大企業は、みんなモルガンらに抑えられていたから、新参者の国法銀行（自分では出来ないので「証券子会社」を作って証券業務を営んでいた）は格下の企業の概して不良の証券の発行を引き受けるなどリスクの大きい証券に手を出していた。大ブームであったから段々と良くないものが市場に出回るのはいつものことで、ブームが崩壊する時はそういった証券から紙屑になる。アメリカの大恐慌で国法銀行がとりわけ大きな傷を負い、たくさんの人が財産を失ったのはこういった事情が影響している。

この教訓から連邦議会が銀行の証券業務を禁止したのが１９３３年銀行法、通称グラス・スティーガル法である（新しい銀行法を作ったわけではなく、日本流に言えば１８６３年銀行法及びその他の関係法律の１９３３年改正である）。そのほかに証券の発行や証券取引所での売買取引を規制したのが、１９３３年証券法、３４年証券取引所法とそれにつづく一連の証券市場改革法である。ところが銀行や証券会社の業務、つまり金融という業務は資本にとって生産と並ぶ重要な、儲かる業務である。これを規制するのが右に述べた金融改革諸立法で、有識者や大学教授からはアメリカにおける消費者保護立法の嚆矢《こうし》として高く評価されたのであるが、資本の側から見れば重要な譲歩、後退である。何よりも大きな利益機会の喪失で、この本の方々で言っているように資本主義経済は巨額の設備投資が停滞し、一方利益は蓄積されて金は余り気味である。つまり銀行にとってはあまりお金を借りてもらえない経済に段々となってきている。この譲歩、後退は捨てておけないことであった。立法以来ウオール街と共和党によって執拗に反対され、最後には見る影もなく骨抜きにされていたのであるが、ついに１９

99年にグラム・リーチ・ブライリー法によって最終的に廃止されてしまった。次の第6章で説明する新自由主義にとって、グラス・スティーガル法は1930年代の資本の妥協・譲歩として撤廃すべき制度の目玉的な存在であった。

資本の行動を規制するものとしては反独占立法があるが、独占が強力に進行したのは19世紀半ばから20世紀初頭にかけてであり、その反映として反独占立法も19世紀末から生まれている。また、新規起業が極めて活発で、しかも短期間に大企業に成長する例が多いアメリカでは、自由競争が何よりも尊重される。短期間に大企業に成長した企業が、しばしば反独占の標的となり、司法当局によって合併が否認されているが、いずれにせよ反独占立法は資本の行動の制約として撤廃されるべきものとは見られていないようである。

◆国家が需要を創り出す

前項までは資本主義の発展とともに増大した生産過剰・資本過剰とそれに伴う首切りや過酷な労働の強制に対する労働者の抵抗、革命、そしてそれに対する資本の譲歩と政府の介入について説明した。この項では20世紀前半の戦争と革命、そして世界中を巻き込んだ大恐慌に直面して、資本過剰の解決策としては、最早恐慌という資本の一部カット策では解決できないと感じた資本の側で、需要そのものを増やして問題を解決しようという考え方が現れたことについて説明する。労働者と資本との間の紛争を解決するための法律を作ったり、労使間の紛争解決のための協議に政府が介入するだけでなく、需要そのものを政府の手で増やすという形での、国家権力の介入である。

生産、つまり供給（輸入という外国からの供給は一応考えないことにして）と需要（個人や政府が生産物を最終的に消費する需要だけでなく、生産のための原材料の消費や、機械の摩耗などを含めた広い意味の消費を含めた需要）の関係は、そもそも経済学の根本問題である。生産と消費、供給と需要が中々一致しないからである。作ったけれども売れない、反対に全部売れてとても足りない、というのは人類の経済活動に付き物である。しかし、それでは済まない。資本主義的生産では生産と消費の不一致がすぐに労働者の首切り、失業や、幸いに首切りから逃れても、とても生きて行けない低賃金を押し付けられることにつながり、労働者階級にとっては生きるか死ぬかの問題になるからである。

この問題に対して、そもそも初めから一致するわけがない（もし一致したらそれは偶然に過ぎず、すぐに破れる）と考えるのがマルクスの経済学である。資本の価値増殖のための運動の結果として、生産物を消費するのが資本の運動である。消費財という生産物が消費されるのは、生産するために雇われた労働者に、彼が売った労働力という商品の対価として支払われた賃金、つまり投下された貨幣資本の一部と、交換されることによってである。機械や道具、原材料という商品が売れるのは、それを買って労働者を働かせ、商品を生産して利益を得ようとする資本家が買ってくれるからである。だから資本が運動してその結果生産された商品を買ってくれるのは、同じように運動しているほかの資本の運動である。言い換えると、資本が資本と交換されるということである。だが全体として見ると交換されないで、つまり売れないで残る商品が出る。自由勝手に生産するのであるから当然の結果である。これを解決するには、少なくとも首切り＝労働者にとっては死、を防ぐためには、生産のやり方を社会主義に変えることしかない、というのがマルクス主義である。

これに対して生産と消費、需要と供給は一致すると考える経済学が古典派経済学である。イギリスのアダム・スミスは、「神の見えざる手」によって自然に解決する、つまり、ほうっておけばよいという考え方である。フランスのセーは積極的に「生産は需要を創出する。」と主張した。マルクス経済学に対して20世紀まで続いたこの考え方は、これまで度々述べたように、20世紀前半の戦争と革命と大恐慌によって否定された。誰が考えても楽観的過ぎる考え方であった。

そこに登場したのがイギリスのケインズである（ケインズの経済学を鋭く批判し、対立したハイエクや、フリードマンなどの経済学については、次の章で簡単に紹介する）。ケインズの考え方を筆者なりに簡単に説明すると、不況が長く続くのは貨幣資本が社会に滞留して、生産のための投資に向かわずに国債などに投資されてしまうからで、それが生産のために投資され、失業も減るようになるか、それとも国債など、利子を目的の証券投資に向かって、生産のための投資には向かわないかは、利子率の働きによると考える。また景気が悪く、物価も下がっているような時には、政府が国債を発行し、そのお金を財政支出して需要を補強すればよい。国債で財政支出を賄うのは赤字財政であるが、それで景気が良くなれば税収も増えるから問題はない、とした。利子率の理論は専門的で、一般の人には分かり難い所もあるが、財政支出をばら撒くという所は分かり易いので、ケインズというと赤字国債を出して財政支出をバラ撒くことを主張した人だと思っている人が多いと思われる。

◆財政は赤字でもかまわないのか？

しかし、財政支出を増やして景気をよくするといっても、問題はその財源をどうするか、である。先にケインズは赤字財政でもかまわない、と言ったと説明したが、実際はなかなか問題は面倒である。普通、だれが考えても財政支出に使うお金は、出来れば税金で取り立てたお金で賄うのが一番良いと考えるだろう。しかし、先に説明したように、資本主義の世の中では、お金は誰が持っていようと、実は資本が増殖するために色々な人の手をぐるぐると回っている。そして、資本の運動は互いに絡み合い、互いに依存しあっている。そこに割り込んでお金を取り立てると色々な問題が生じる。労働者から取り上げれば、消費に回るお金が減り、消費財の商品の売り上げが減る。企業から取り上げれば、投資が減る、と企業は文句を言うだろう。個人の所得税だろうが、企業の法人税だろうが、所得にかける税金は苦情が出やすい。そこで出てくるのが間接税である。日本では消費税と称している。

消費税も所得税と同じで、庶民の財布の中身に打撃を与える点では同じである。日本では時々言い訳として、外国特にヨーロッパでは日本よりずっと税率が高いと当局者が言うことがある。この点について説明しておくと、ヨーロッパのライン川の西側、アルプスの南側の国の人は、自分たちが暮らす社会を維持するために必要なことはあまり考えず、家庭の幸福、個人の楽しい生活を第一に考え、税金はなるべく払わないという傾向がある。したがって、所得税のような直接税は非常に取りにくい。これが間接税の比重が高い第一の理由である。律儀な日本人は直接税もちゃんと払うが、正直に税金を払うとバカ者呼ばわりされる国もあることは事実である。

消費税つまり間接税の最大の問題点は悪平等だということである。労働者、一般国民の千倍、万倍の所得があっても金持ちは千倍も食べるわけではない。だから、所得税の累進課税が一番正しい。ところが、各国とりわけ先進国では近年ますます富裕層に対して減税を行っている。一握りの人が莫大な所得を上げるのが現代経済の特徴であるから、貧富の差はひどくなるばかりである。だから申し訳に、一般国民への財政のバラ撒き支出を増やしている。これをポピュリズム（populism 大衆に対する御機嫌取り政策）という。

しかしともかく、21世紀前半の現在世界はポピュリズム全盛である。財政支出は減らさない。何か口実が見つかるとすぐ増やす。何かのことで税金が増収になると、本当は借金の返済に回さなければならないのに、すぐ何かに必要だといってすぐ支出してしまう。ケインズが言うような、景気を良くするための需要の創出などという、理論的な話ではない。ひたすら目先の選挙に勝つためである。財政の収入つまり税金は、法人の法人税、個人の所得税という直接税は金持ち減税でなるべく取らない。本当は金持ちから累進課税制度で取れば必要のない大衆課税の消費税などの間接税で、どんな貧乏人からも税金を取ろうとする。

とにかく、この結果は誰が考えても分かるように財政の大赤字である。ここでケインズの時代からいきなり21世紀の日本に話が飛んで読者の方には申し訳ないが、財政赤字をどうするのか、赤字の結果出来てしまった借金である国債発行残高の山を、一体返すのか返さないのか、返すとして誰に返すのか、そもそも返せるのか、という、深刻な、しかし基本的な問題の見本を見せてくれているのが、20世紀末から21世紀にかけての日本の財政なのである。とにかく日本は世界最悪の大赤字、国債という借金の山である。大体ここ数十年の間50～60兆円の税収で100兆円支出する予算を組んできた。その中で本当の支出は70兆円くらいで、あとは借りている借金つまり国債の利子やら償還つまり返済期限のきた国債を返すお金やらの国債費という費用である。こんな状態を長年続けているのだから借金が溜まるのは当たり前で、国債以外の借入金や、地方自治体など地方政府の借金など、政府の借金を総浚《そうざら》いすると、2020年頃には2000兆円ぐらいにはなっているだろうと思われる。国債の残高だけでおそらく1000兆円を超えているだろう。

どうしてこんなことになったかという経緯などについては、長くなるので省略するが、問題はこんなに大きな借金を背負ってしまって、一体返せるのか?ということと、誰に返すのかということである。結論から言うと、まともにはまず返すことは出来ない。まともには、とは変な言い方であるが、言い換えるとインフレーションによってしか返せないということである。第二次大戦、米軍の言い方をすれば太平洋戦争が終わった時も、やはり政府は莫大な借金を抱えていた。当たり前である。しかし、物価が何千倍（統計的にはともかく、筆者個人の体験した実感から言うと5000倍くらいにはなったと思う）にもなったから、世の中のすべての借金は何千分の一かになったのと同じで、この問題は消滅したも同然になった。その代わり国民の貯蓄もゼロ同然になった。これを債務者利得という。とすると今後日本経済が悪性のインフレーションに見舞われる可能性があるかどうかという問題になるが、この問題をここで取り上げる余裕はないので割愛する。筆者はその可能性は大いにあると思う。もう一つの問題は、この財政不始末の結果としての大借金を誰に返すのか、という問題である。もしいま、日本の国債の発行残高の大部分を民間の銀行や保険会社、年金基金、特に外国の金融機関が持っていたら大変である。今後日本経済の状態が悪くなってきたら、たとえば貿易収支の赤字が拡大し、それによって経常収支も赤字が続くようになり、外貨準備（政府が持っている外貨、ドルのこと）が減ってきたら、円は暴落し、外国の金融機関は一斉に日本国債を売ってくる。放って置けば国債価格は暴落し、国債を持っている日本国内の金融機関や年金などは大損するからこれらも遅れじと一斉に叩き売ろうとするだろう。これはまさしく金融恐慌そのものである。

だが、日本の国債は、大部分を日本銀行が持っている。また先に示したような金融恐慌状態でなくても、どこかの金融機関が売ってくれば、日銀は全部買ってしまうだろう。また買わざるを得ない。また、そもそも現在すでに日銀が持っている国債も、もとは銀行など金融機関が持っていたものである。そこで出てくる問題はどうして日銀は後から後から際限もなく国債を買い続けることが出来るのかということと、唯々諾々とそうやって政府にお金を供給している日本銀行と政府の関係は一体何なんだということである。

日本銀行は中央銀行であるから、法律によって強制通用力のある銀行券を発行する特権を持っている。銀行券は昔は銀行が地下金庫にしまってある金貨といつでも交換してくれるという信用で発行され、流通していたが、いまでは一応強制通用力は与えられているものの、現実には漠然とした信用で皆が受け取り、流通しているといってもいいだろう。問題はそうした特権的な存在である中央銀行である日銀が、どうにも手が付けられないようなひどい状態の財政状態にしてしまった政府とどう見ても特別な関係にあるとしか思えないことである。日銀が持っている国債も一応は民間が政府から買ったものを日銀が金融政策として買ったことになっているが、実態は政府から買ったようなものである。そして、それによって政府は日銀の預金口座の残高をたっぷりと手に入れ、ジャブジャブと使って、国民のご機嫌取り政策をやっているのである。結局政府と日銀は実質的には一体のもので、制度的にも国務院（内閣）の一部局に過ぎない中国人民銀行が、中央銀行であるとともに財政執行上の機関の一部として機能し、その間にはそもそも貸し借りといった関係は発生しないのと対比される。ということは安倍自民党政権と黒田日銀は本来一体のもので形式的に政府が国債を発行し、それを日銀が買い入れて形式的な貸し借りの関係を作っているだけのことではないかというわけである。そして、日銀は政府に貨幣を供給しているわけで、実質的には政府が自分の貨幣、政府紙幣を発行するのと同じような効果を発揮しているという気がするのである。したがって、これから行く先には、政府が国債を発行しては日銀が買い取り、その結果政府に貨幣の供給のし過ぎ、購買力の与えすぎということになり、そこにインフレーションが待っているということになる危険があると思われるのである。

◆国家独占資本主義

俗にいうケインズ主義が行き詰まる場合の一つの見本として、日本の財政状況を示したのであるが、もう一度歴史を振り返ることにしよう。初めからうまく行かなかったわけではないのである。財政支出の拡大は、資本の側の譲歩、政府による資本の行動の規制、労働者の権利拡大などと併せて、第二次大戦期から戦後の一定期間にかけて一時的にではあるものの、ある程度の効果を上げたのは事実である。アメリカはルーズベルト政権の諸改革、ニューディール政策によってもなかなか大恐慌から脱出することが出来ず、最終的には第二次大戦によって脱出したと言われるが、それはともかくひとたび一国の経済に財政による需要拡大という麻薬が与えられるとそこから脱出することは殆ど不可能である。

アメリカをはじめとしてどこの国でも大戦中は戦争に勝つためにはやむを得ないとして財政支出を拡大し、労働者に働いてもらうために譲歩もしたわけであるが、戦争が終わったからといって簡単に元に戻せるものではない。次章で説明する新自由主義者たちが、ケインズ主義的財政政策を攻撃し、「小さい政府」を主張しても、失業保険や低所得者の生活保護、年金制度や医療・介護などの社会保障支出は、あのイギリスのサッチャー政権でさえも廃止することは困難であった。こうして前に説明したアダム・スミスやセーなどが唱えた古典的な自由主義は実際には成り立たず、ほうっておけば恐慌がますますひどく、また頻繁に起こるようになる。また労働者と資本家の対立抗争も激しくなって、果ては革命に至る。

そこで資本家と労働者で成り立つ資本主義経済に、もう一枚国家権力というものが加わって、初めて何とか動いてゆけるようになった経済構造、運動の様式は、しばしば「国家独占資本主義」と呼ばれている。自由主義経済に必ず付き物の優勝劣敗の法則に従って、19世紀末以来独占資本が支配する世の中になり、資本主義は独占資本主義になったと言われるわけであるが、さらに国家権力が一枚加わって、国家独占資本主義と言われることになったのであろう。国家独占資本主義については、色々な考え方があるようだし、否定する人もあるようである。また、国債発行と財政支出に、中央銀行の金融政策が不可分の関係を持っていることを付け加えておく。

しかし、国家独占資本主義の世の中になったといっても、これまで説明してきたように色々な顔がある。どういう手段で実行してきたか、という点から言うと、国家権力による、具体的には議会による立法や、政府の決めたルールによる、資本の行動の規制や労働者への譲歩と、財政支出の拡大による需要の補強の二つが主な要素であるが、それがある程度実現された理由としては、資本の増殖運動の停滞を何とかしなければならないという資本主義の側の焦り乃至《ないし》反省と、それを現実に実行出来るだけ利益が多少回復して、わずかばかり余裕が出来たことを上げることが出来よう。

ということは、資本家の側に余裕がなくなってくると当然のこととして反動が来る、ということである。国家独占資本主義も時期によって積極的な面を見せる時と、余裕がなくなって資本の陣営が反撃に転じ、労働者側が後退するという、消極的な時期とがあるということである。したがって、第二次大戦期から20世紀後半にかけての資本主義経済の動き、上昇と下降・停滞の状況に注意しておくことが必要である。

◆高福祉・高負担、福祉国家

国家独占資本主義の積極的な面である財政支出拡大は、これまでも述べてきたように、国債発行という借金の増大にならざるを得ないのであるが、それでもある程度は税収の増大で賄わなくてはならない。それにもともと、高所得個人と高利潤企業からお金を吸い上げ、低所得の一般国民に分配するという、所得の再配分機能が財政には備わっている。実際には資本に一方的に利益を与えるばかりの財政支出（後で述べる軍事支出の著しい増大はその代表的なものである）もあるのであるが、年金、医療、介護など国民の福祉に直結する財政支出の拡大は、社会保障支出として当然国民が負担すべきだという説得が通りやすい。そこで「高福祉・高負担」というスローガンが登場する。だいぶ以前の話であるが、高福祉・高負担の代表的な国と言われるスウェーデンで、有名な映画監督が、前年の収入が多かったために所得税が高額になり、今年度の収入を上回ったのに怒って、他国に移住してしまったという事件さえ発生した。

これは当該監督が正直な人で、所得を隠そうとしなかったためか、会計事務所との連絡が悪かったためなのかは分からないが、世界中の大富豪、大企業はたいてい会計事務所、弁護士事務所との密接な協力関係によって課税を免れている（後で「金融化」の章で説明する「タックス・ヘイヴン」を利用して脱税する）。それはともかく、高福祉・高負担は、前にも触れたように資本が利益を上げ、余裕を持った時に実現される。

しかし、それはどんな時、資本主義経済にとってどんなことが起こった時期であったのであろうか？　それは第二次大戦期から戦後の世界経済の復興期である。先にアメリカでも大恐慌の影響から完全に脱出できたのは結局第二次大戦によってであったことに触れたが、ともかく第二次大戦はアメリカ資本主義に巨額の利益をもたらしたことは疑う余地がない。労働者の賃金も大幅に上昇して、個人の貯蓄も増加したが、労働者と企業の双方が基金への拠出を負担する年金制度は企業の利益の合法的な隠蔽手段として大いに利用され、戦後の機関投資家の巨大化、ファンド資本主義・信託資本主義（fiduciary capitalism）化の始まりともなった。

そして、戦時中からアメリカ資本主義が一番懸念したのは、戦争で膨張した生産力が戦争終了によって巨大な過剰資本になることであったが、その対策として行われたヨーロッパへのマーシャルプラン援助と対日援助、それと朝鮮戦争による「特需」と呼ばれた巨額の発注は、大戦直後の世界景気の復興と維持に大きな効果を発揮して、高福祉・高負担を支える基本的な経済的要因となった。いずれにせよ、所得税も法人税も格段に税収が増えたのである。こうした状態を「福祉国家」と表現する人たちも現れたが、これは後に新自由主義者と呼ばれる人たちが攻撃した「大きい政府」にも通じるものであった。

つまり、大戦中と戦後しばらくは　結構景気も良かったので、財政支出拡大のための税金も取り立てやすかったのであるが、１９６０年代頃からアメリカの財政赤字と貿易赤字の増加がかさみ、ドルの相場も怪しくなってきて、世界の経済があちこちでガタピシして来た。その表れが、あとの章で説明するドルと金との交換停止と、各国通貨とドルとの交換比率つまり為替相場の固定制度の廃止、いわゆるブレトン・ウッズ体制の崩壊である。

これは要するに、アメリカ経済に余裕がなくなったことで、例えば1980年代には日本の財政に膨大な支出増加を要求し、日本経済の運営に露骨な内政干渉をしてくるようになった。世界の資本主義経済は1960年代から70~80年代にかけて、後発資本主義国である日本、東アジア諸国、中国、アセアン諸国と次々に急速に成長し、欧米先進資本主義諸国とのバランスが大きく変化したことを主な原因として不安定になっていくのであるが、ブレトン・ウッズ体制の崩壊はその大きな道標ともいうことが出来る。いずれにせよ、高福祉・高負担に対しては段々抵抗が大きくなり、あとで述べる新自由主義という衣を纏った資本の反撃、攻勢が強くなり、さりとて急に財政支出を縮小するわけにも行かず、国債発行に依存しながら一般国民のご機嫌を取り結ぶ、「財政悪化」と「ポピュリズム」の併存という時代に入っていく。

◆軍事国家

しかし、こうした財政支出の増大による資本主義経済の補強工作は、年金、医療、介護、失業、教育などの社会保障支出だけに使われたのではない。それに劣らぬ大きな財政支出項目は軍事支出である。日本では憲法に、誰が読んでも対外関係に関して軍事力を使わないと書いてあるし、そうであれば軍備はしないはずだから軍事予算はゼロのはずである。しかし、社会保障支出に次いで大きな支出項目になっている。人口ボーナス期をとっくに過ぎて高齢化し、医療費、介護費が膨張せざるを得ないのと、自民党政権のポピュリズムで、どこかで少しでも税収増があるとすぐにいい加減なご機嫌取り支出が追加されるので、軍事予算は最大の支出項目にならず、二番目あたりの項目で予算の3分の1辺りを上下する格好になっている。しかし、絶対額で見れば世界有数の軍事費大国である。

日本は敗戦とサン・フランシスコ講和条約で対米従属国になっているから素直でない予算編成になっているわけであるが、世界的に見ても、第二次大戦直後の1946年、生まれたばかりの国連の総会で軍縮憲章を可決しているけれども、その後は世界のどこかで戦争続きで軍縮どころか、軍備拡張の歴史である。ただベトナム戦争で米軍が惨めな負け方をしたために、アメリカの若者に厭戦気分が支配的になっているのと、イラク侵攻戦争後はアメリカは大規模な地上戦は避け、他の国に代理戦争をさせるか、戦争請負会社にCIA予算辺りを使って戦わせるかにしている。とにかく世界ではいつでもどこかで戦争続きで、表面上戦っている人たちの背後には必ず大国がいる。戦い方と戦費の支出の仕方が変わっただけで、他は何も変わっていない。ただ人が戦うよりも兵器に戦わせるという戦闘になっている。ということは兵器が高級な技術で出来ていて高価であるということを意味する。だから現代の戦争は「死の商人」にとっては以前よりも金額が大きく、儲かる戦争になっている。高価な現代の兵器は世界中を流通する商品で、その取引を支えるお金は、大国の予算である。戦争が終わっても、そして何年も経っても、世界の大国は軍事国家である。

6　資本の反撃——新自由主義とマネタリズム

◆理論家の反撃

前章で述べたような労働者の権利を容認すること、つまり労働者の団結権や争議権を認めることや、資本の業務を法によって規制すること、例えばアメリカでグラス・スティーガル法によって銀行の証券業務を禁止したことなどは、資本にとって最も腹立たしいことであった。それから財政支出による需要の補強政策を行うこと、つまり政府の裁量によって需要を創り出し、雇用にも影響を与えるという、いわゆるケインズ主義的な経済政策は当然のこととして資本家側の反撃を招くこととなった。

この反撃は、後で述べるように第二次大戦後１９６０〜７０年代になって財政政策の効能が薄くなり、物価が上がってインフレーションが進行するばかりで経済は沈滞するという状況が続くようになったために、各国政府は続々と保守的な政権が登場して、福祉と労働者の権利を縮小するようになってはっきりして来た。そして、これらの反動的な政策を新自由主義と呼び習わされることも多くなったのであるが、正確にはこれら保守政権によって法律の改悪や財政の福祉支出を縮小するなどの政治的、経済的な反撃が実行される以前から、すでに経済学者、思想家などによって討論会の開催、協会の設立という形で新自由主義の旗が掲げられ、思想的な反撃が開始されている。

この思想的反撃の口火を切ったのは、リップマン討論会、モンペルラン討論会であり、永続的な組織として結成されたのはモンペルラン協会であるが、これらについては権上康男教授の編著に従って説明する（『新自由主義と戦後資本主義』２００６年、日本経済評論社）。

まず、最初に新自由主義の旗を上げたのはフランスの哲学者ルイ・ルージェ（Louis Rougier）が、アメリカのジャーナリストのウォルター・リップマン（Walter Lippmann）を招き、リップマンの著書「良い社会」（The Good Society）を取り上げて１９３８年にパリで開催した「リップマン討論会」（Colloque Walter Lippmann）である。その時討論をリードしたのは開催国フランスのリュエフ（Jacques Ruef）であるが、参加者２６名の中で中心的な理論家は、ハイエク（Friedrich von Hayek）、ミーゼス（Ludwig von Mises）、レプケ（Wilhelm Roepke）らの、オーストリア学派と言われる新古典派の経済学者達であった（国籍別ではパリで開かれた関係で出席者の半数はフランス人であった）。

リップマン討論会に続いて第二次大戦直後の１９４７年、スイスのモンペルランで討論会がハイエクの主催で開かれた（Mont Pelerin Conference）。討論をリードしたのはもちろんハイエクであるが、出席者の中で注目されるのはドイツのオイケン（Wilhelm Euken）、イギリスのロビンス（L.C. Robbins）そして、アメリカのナイト（F.H. Knight）とフリードマン（Milton Friedman）らの錚々《そうそう》たる新古典派経済学者達である。そして、討論会の後継続的な組織としてモンペルラン協会（Mont Pelerin society）が設立された。

◆自由主義経済学の系譜

リップマン討論会とモンペルラン討論会に結集した自由主義、市場経済至上主義経済学者、とりわけハイエクやフリードマンら、一般にマネタリストと呼ばれる経済学者の考え方はどのようなものであったろうか？　彼らの頭を当時支配していたのは「自由主義の危機」ということであった。「自由主義の危機」とはそれだけではちょっと分かり難い言葉である。そこで経済学に馴染みの薄い読者の方に、少しでも理解していただくために、自由主義・市場経済主義の経済学について簡単に説明しておくことにする（面倒だと思ったら飛ばして読んでもかまわない）。

経済学の元祖として挙げられているのは、イギリスで産業革命が始まった18世紀後半（ほかの国では19世紀前半）に現れたアダム・スミスやリカード達である。彼らの考え方はアダム・スミスが「神の見えざる手」と言ったように、人間があれこれと手を加えなくても、経済というものは市場に任せておけば結局はうまくいくものだ、というものである。つまり自由主義である。イギリスを中心としたこのような考え方の経済学の流れを古典派経済学という。この経済学では商品の交換の基礎である価値は、その商品の生産のために費やされた労働の量で決まると考える（特にリカード）からこうした価値の考え方を「労働価値説」という。

このイギリスの古典派経済学を、特に労働価値説を取り入れながら引き継いだのがマルクスである。しかし、これまでも度々説明したように、古典派の言うように自由放任では経済はうまくいくはずがないとマルクスは考えるのであるから、マルクス経済学はイギリスの古典派経済学から出たけれども、自由主義、市場経済至上主義の古典派とは袂を分かつわけである。

ところが、19世紀後半になって古典派の中から、労働価値説を否定し、限界効用説という、人間の主観で価値が決まる（労働価値説は客観的な労働量で決まると考える）と主張する学者が現れて、同じ自由主義、市場主義ではあるが、考え方をひっくり返してしまった。これを限界革命という。彼らの言う限界効用とか、限界生産力などという言葉をここで手短に説明することは不可能だし、また筆者は不適任である。革命を起こしたのはイギリスのジェヴォンス、オーストリアのメンガー、スイスのワルラス（フランス人）らの経済学者で、これと多少考え方の異なる学者も加えて新古典派と称するようになった。もちろん、自由主義、市場経済主義である点では、古典派と変わる所はない。ただ説明の方法に数学を取り入れ、厳密らしく装っている。

◆自由主義の危機

こうした非マルクス派の経済学の流れの中から反旗を翻したのがケインズであるが、新古典派は繰り返して言うように自由主義、市場経済至上主義であるから反マルクス主義であり、またナチズム、ファッシズムにも反対である。さらに前章で述べたようにケインズ経済学も市場の需要と供給の関係に割り込み、政府の裁量で需要を創り出すことを主張するから、これにも反対である。

そして、それだけではない。ハイエク、フリードマンらの新自由主義者達は、自由主義であるこれまでの古典派、新古典派の経済学者達さえも非難する。彼らは労働組合と国家権力の、自由主義経済に対する攻撃に対して反撃せず、間違った譲歩に対して傍観するだけであったと攻撃したのであった。そして、政治権力を握ったケインズ主義者や社会主義者が立法を通じて資本の自由を規制し、労働組合による「労働力供給の独占」を助長し、ストライキやサボタージュなどの「不法な行為」を許容しているとして国家権力を攻撃して、国家権力を奪回することによって自由主義を守らなければ自由主義は滅んでしまうと考え、自由主義は危機にあると主張した。

したがって、法律的には強烈な反労働者保護立法を主張することになる。前に説明したように労働者と資本家は基本的に対等の立場に立っているのではなく、本来不公平、不平等である。だから労働者と資本家は対等な立場に立っていることを前提として考えるコモン・ローは修正されなければならないと考えるのが「衡平法」としての労働法、労働者保護立法である。

ハイエクらはこの「間違った」衡平法の諸立法を廃止し、コモン・ローに戻さなければならないと主張している。ということは、単に自由主義は正しいと主張するだけでなく、自由を取り戻すために積極的に政治活動を展開し、国家権力を握り、法を改正することによって、国家権力の経済に対する介入、立法による自由の規制、労働者の無法の容認などを一切廃止すべきであるという、一見矛盾したような、皮肉な主張をしているのが新自由主義の最も注目すべき特徴である。

この点に関して付け加えておくと、現在アメリカなどでリベラリスト（liberalist）、字義通り訳せば自由主義者というと、労働者の要求に寛容な人、ケインズ主義的な社会福祉財政支出に賛成の人、人種差別に反対し、女性や同性愛者の権利擁護に力を貸す人などを指す。リベラルという言葉は左翼的な響きのある言葉になっている。ハイエクらのような新自由主義を唱える人はリベラリストと区別して、リバタリアン（libertarian）という。ややこしいことだが、自由主義は分裂したのである。

◆マネタリズム

現代の非マルクス経済学は、ハイエクやフリードマンのような新自由主義の新古典派経済学が主流である。そして、マルクス経済学や、ケインズが死んだあと後を継いだポストケインジアン（ポストという言葉は後という意味）の経済学が、経済全体——一国と考えてもよいし、世界全体と考えてもよい——の需要と供給、景気や雇用を考えるから、マクロ（macro 大きい、長いという意味）経済学と言われるのに対して、この現代の主流派の経済学者は、マクロ経済学の理論は証明されていないとして排斥し、経済に関する何らかのこまごましたことや現象の間の関係を取り上げ、相関関係が有るとかないとかと言った重箱の隅をつつくような研究に専念している。これをミクロ（micro 小さい、短いという意味）経済学という。

現代の非マルクス経済学はミクロ経済学全盛である。だから変な「理論」が続出する。ノーベル経済学賞は、ノーベル財団ではなく、ノルウェーかどこかの銀行が金を出している妙なノーベル賞で、本家のノーベル財団が、やめてほしいと言ったくらいである。物理学や医学・生理学のノーベル賞とは大変な違いである。自然科学系の賞に比べて「変な理論」が受賞するからである。

この新自由主義、新古典派経済学の理論的中心が、今まで何度も言ったハイエクとフリードマンで、とりわけ有名なのがフリードマンである。彼らの理論のもう一つの大きな特徴は、経済上の何かの変動を、何でも貨幣量、世の中のお金の分量の関数として捉えようとする所である。経済上の何かの量、例えば投資の量とか、雇用や失業率など、そういったものの変動と貨幣の量との変動は相関していると主張するわけである。

こういう話はよくあることで、どっちが原因で、どっちが結果か、ということを突き止めるのは結構難しいことである。あることとあること、AとBが並行して変動した時しばしば起こる間違いは、片方のAがもう一方のBの原因で、Bは結果だと簡単に決めてしまうことである。これを難しい言葉で「疑似相関」という。フリードマン達は貨幣量の変動がほかの量、例えば物価や投資の量などの変動の原因だと考える。これは疑似相関である。貨幣は英語でマネーだから、彼らのことをマネタリストと言い、その理論をマネタリズムと言う。

◆お金を増やせば、ほかのものも増えるか?

マネタリズムを日本語で言うと貨幣数量説である。しかし、貨幣数量説は元々イギリス古典派経済学の昔からあったもので、スミスと並ぶイギリス古典派経済学の元祖格のリカードも貨幣数量説者である。現代の貨幣数量説は少々手が込んでいる。したがって、ここでもう一度現代マネタリストの考え方の問題点を整理してみよう（具体的な貨幣＝マネーと金融機構については後でまた別に説明する）。

第1の問題は本当に彼らが言うように貨幣の分量が変動するとそれに従ってほかの経済上の量が変

動するのだろうか、という問題である。

第2の問題は、そもそも貨幣の量を政府や中央銀行や市中の銀行が自由勝手に動かせるのだろうかという問題である。そして、この問題を考えていると、そもそも貨幣といっても一体何を指して貨幣といっているのか、という問題に突き当たることになる。

第1の問題は先ほど述べた、どちらが原因で、どちらが結果かという問題でもある。マネタリストの考え方は、貨幣量を増やせば他のものの量も増える、第一物価が上がる。投資が増え、労働力の需要も増えるから雇用量が増え、失業率は下がる、というものである。経済というものは言い方を変えると色々な商品が生産され、取引され、その代金が決済される、ということである。そこに貨幣を、いわば外から入れてやれば先ほど言ったように経済活動は活発になる、というのがマネタリストの言い分である。これは貨幣を外から入れて量を増やすということだから、貨幣供給の「外生説」という。貨幣を外生的に入れてやれば経済活動は活発になり、景気は良くなると言う考え方である。

しかし、これには有力な反対論がある。お金は勝手に増やそうとしても増えるものではなく、誰かが必要があって銀行に借りに行き、銀行が貸し出して初めて増えるという考え方である。経済活動というものは企業が資本の増殖運動を行っているものだから、企業が機械や原材料と言った生産手段を買い、労働者を雇って労働力という商品を買うという投資と、労働者が労働力を売った代金で消費財商品を買うという消費で成り立っている。消費も企業の投資の一部のようなものである。

この投資が増えるためには、企業が工場設備を増やし、労働者の人数を増やしたり残業をさせたりして生産を増やそうとしなければならない。その時はお金が余計に必要になる。労働者の消費は基本的に企業の投資、労働力をどのくらい買うかに左右されているが、現代ではそのほかに労働者に借金をさせ、消費を増やそうとすることもやっている。この消費者金融の代表的なものはカーローンや住宅ローンである。問題は労働者が先行きを楽観して、借金を増やして消費したり住宅を手に入れようという気になるかどうかである。つまり貨幣というものは、企業や労働者、消費者がその気にならなければ増えない性質のものである。第一現代では、いつも生産過剰、設備過剰気味だから、企業は在庫がたくさん有るとかで不景気だから投資を増やし、増産するなどしない。いくらでも貸してやるからといっても借り入れなどしない。

このように貨幣は外から注入して増えるのではなく、企業が投資を増やす意欲を持ち、消費者が今後の収入増を当て込んで車や家を買う気になって初めて、銀行がそういった「貨幣の需要」に対して貸し出しによって預金を創造するという、「信用創造」によって貨幣が増えると主張するのが「貨幣供給の内生説」である。

この内生説はその内容からいって、貨幣、マネーは銀行預金だという主張と、その銀行預金は、銀行が「貸し出す」ことによってだけ増える、という主張の二つから成っている。銀行貸し出しは銀行にある現金を貸し、お客がそれを持って帰るというような原始的なことは現代ではしない。銀行は借り手のお客の預金口座（の貸方）に貸した金額を記入して残高を増やしてやり、同時に貸付金という銀行の資産科目の借方残高を同じ額だけ増やす。帳簿上の操作だけで預金が生まれる。無から有が生まれたようなものである。これが信用創造である。

貨幣供給の外生説と内生説については、筆者は内生説が正しいと思うが、この問題について正しい理解をしていくためには、ここで改めてお金、貨幣について説明し、読者に分かっておいていただく必要がある。実はお金には二種類あり、別れてはいるがつながりもあり、ある意味では勝手に増やせなくもない、という複雑な関係、複雑な構造があるからである。

◆第一の貨幣——銀行預金残高とその役割

貨幣と金融機構については一般の読者向けには、講談社現代新書『銀行と証券』１９８９年（絶版）と、『金融化の災い』（筆名・大槻久志、２００８年、新日本出版社）で分かり易く説明したつもりであるが、本書前節で述べた貨幣供給の外生説と内生説について正しく理解するのは結構難しいことである。第一そのためには貨幣について正しい認識を持っていることが必要である。それに新自由主義者＝マネタリストの間違った理論が、現在世界の経済学界の主流を占め、それがそのまま各国政府の経済政策、金融政策として実行され、とりわけ日本で21世紀初頭以来大きな副作用、害毒を流しながら頑強に実施されているので、ここでもう一度、貨幣とは何かについて改めて解説することにする。

貨幣は元々は金貨を始め銀貨、銅貨など金属貨幣であったし、金本位制の時代であればその銀行券を発行した銀行（後に中央銀行に集中）に持ち込めばいつでも金貨に替えてくれた兌換銀行券と、巷に流通している金貨や銀貨、銅貨などであったが、現代では中央銀行が発行し、但し、金貨には兌換してくれない不換銀行券と、少額の支払いのために政府が発行する硬貨、コイン（補助貨幣と言う）と、それらを銀行に持ち込んで預金した預金口座残高の3種類が貨幣である。貨幣の機能は理論的、教科書的には色々あるが、日常的、常識的には商品やサービスを売買取引する時の代金決済である。

売買取引を行っているのは企業や労働者を中心とする個人、という経済活動の主体である。経済活動の主体には、そのほかに税金を取ってそれを財政支出する政府と、輸出入貿易の相手としての外国がある。これらの経済活動の主体が行う取引の決済は、個人の小口の取引であれば銀行券とコインという現金であるが、大口の決済、法人企業間の決済は銀行の預金口座の残高のツケ替えで行う。大口の決済の時、銀行へ行って現金を引き出し、支払先企業まで輸送したりなどしない。第一危険である。ツケ替えの手段は振り込みや小切手・手形などを使う方法である（現代では徐々に電子決済化している）。

小口の決済は、日本の場合はとりわけそうであるが、紙幣とコインで行う現金決済である。しかし、その現金は銀行から引き出してきたもので、もとは銀行預金である。銀行預金は現金を預けたもので、預金よりも現金の方が根源的な存在だという主張もあるが、銀行に持ち込んできた現金はいまの世の中では大体どこかの銀行から引き出して来たものである。歴史的に言えば銀行が出来た時の初めての預金はそうであるかもしれない。銀行制度がヨーロッパで発達してから後で、その制度を輸入した日本などでは、明治維新後銀行を作り、そこで受け入れた貨幣は幕末に既に存在していた貨幣である小判や二朱銀その他の金属貨幣や、あるいは藩札などもあったかもしれないが、金融史が専門でない筆者には答えられない。ともかく基本的には現金を預けたものは預金であり。預金を引き出したものは現金であるから預金と現金は同じもので、根源的には銀行預金だと考えてもかまわない。統計上も銀行預金残高の総額を一国の貨幣の総額という意味で、マネー・ストックという。そして、銀行券の発行残高は入っていない。銀行券は後で説明するベースマネー（銀行が中央銀行に預けておく当座預金残高）を引き出して来たもので、ベースマネーの一部だという考え方である。統計上もベースマネーの方に入っている。

この際ついでに述べておくと、日本は現金社会と言われ、個人の消費支出における比率で言うと、現金支払いの比率が高い。しかし、これを日本の「遅れ」と意識するのは誤りである。カード支払いや電子支払が普及しない原因として、加盟店から徴収する手数料が売り上げの少ない小規模小売店には負担が大きく、また、店頭での機器の設置費用負担も挙げられているが、最大の理由は紙幣に対する信頼度の相違であろう。外国とりわけアジアの新興諸国では、世界に冠たる高品質の日本銀行券と異なり、極端にヨレヨレ、ボロボロの紙幣が多く、偽札の比率が非常に高い。先進国の欧米諸国でさえ、高額紙幣で支払いをしようとすると警戒されることがある。

また、日本と並んで、あるいは日本以上にきちんとした国であるドイツでも、現金支払いの比率が高いようである。ただ2020年の東京オリンピックなどで日本への外国人観光客が激増し、カード決済やスマホなどによる電子決済の比率が極端に高い国からの旅行者の支払いに応じるため、日本政府はカード決済・電子決済の普及政策を取っている。

こうした小口の決済の問題は別として、一国の経済の中で、法人、個人の経済主体の間の支払いの大部分は銀行の口座残高の付け替えとして行なわれている。また、スーパー、コンビニのレジでの支払いは日本では圧倒的に現金だが、そこに溜まった現金は取引銀行に入金され、今度はスーパー、コンビニを経営する大企業の取引銀行と、商品の仕入れ先の企業の取引銀行の、預金口座の間で残高の付け替えによって支払い決済が行われていく。こうしたことを考えると、金融統計で銀行預金口座の残高の総計がマネーストックとされ、現金は入っていないのも多少は納得がゆく。また、近年現金取引の大きさに比べて銀行券の発行残高が非常に増えているのが注目されるが、これをタンス預金と片付けるのは皮相な観察である。タックス・ヘイヴンすなわち脱税のための資産隠しの基本形態と見た方がよい。外国の研究書によれば、ヨーロッパでは伝統的な資産隠し手段で、しかもその場所はタンス等ではなく、なんと銀行の地下金庫だそうである。

◆もう一つの貨幣

前節で説明したように、一国の経済活動の中で運動している経済主体の間の、支払い決済の役割を担っているのが貨幣、マネーであるが、その貨幣は現代の経済では銀行預金残高である。そして、その貨幣を増やす方法は信用創造である。そして、こうした活動が行われている仕組み、銀行業と銀行相互間の決済機構が金融機構と呼ばれているものである。

しかし、金融機構としてはこれだけでは不完全である。そのわけは第一に、支払う側の企業または個人の取引銀行と、受け取る側の取引銀行が違うことがしばしばだからである。第二に、現金決済の道具である紙幣、銀行券は現代ではほんの少しの例外を除いて市中銀行は発行できず、中央銀行しか発行できないし、硬貨、コインは国が製造し中央銀行を介して発行するものだからである。そして、第三に経済主体としての国（政府）は、財政という独自の経済活動を行っていて、取引銀行も市中銀行ではなく中央銀行で、中央銀行の政府の預金口座の上で、預金残高は独自の動きを展開しているからである。銀行券の発行銀行として、そして、政府の取引銀行として、中央銀行は必須の存在、中心的な存在である。

まず、支払い側の企業（A社としよう）と受け取り側の企業（B社としよう）で取引銀行が違う場合の決済はどのように行われるか、である。目標はA社の取引銀行X行の、A社口座残高が決済金額だけ減り、B社の取引銀行Y行の、B社口座残高が同額だけ増えるようにすることである。このための原始的な手段は、A社がX行から現金を引き出してB社に渡し、B社がY行の自分の口座に入金することであるが、そんな危険なことはしない。

このためには、X行とY行が同じ銀行に預金口座を持ち、2行の口座残高のツケ替えで済ませるようにすればよい。

ここで登場するのが中央銀行で、中央銀行の仕事は銀行券を発行すること、銀行の銀行としての役割を果たすこと、そして、政府の銀行であることである。そのためにはどの銀行も中央銀行に当座預金口座を持ち、常に残高を置いている。顧客が銀行券をATMから引き出すためには、銀行は中央銀行預金残高から銀行券を引き出し、ATMに詰めておく。A社とB社の支払い決済のためには、X行はA社の預金残高を減らし、その金額だけY行に支払う。そして、Y行はB社の預金口座の残高を増やし、その金額だけのお金をX行からもらう。この時X行からY行に支払う手段として中央銀行の預金口座を使う。X行の残高を減らし、Y行の残高を増やせばよいのである。X行はA社からの預金という債務が減り、中央銀行への預金という資産が同額だけ減る。Y行はB社からの預金という債務が増え、中央銀行預金という資産が同額だけ増える。

こうして市中の法人・個人の預金を取り扱う銀行や、銀行という名前はついていなくても預金を取り扱っている金融機関で比較的大きいものは、こうして他行と帳簿上の振り替えで受け取ったり支払ったりするために、また、銀行券を手に入れるために、必ず中央銀行に当座預金残高を置いて置かなければならない。但し、中央銀行、例えば日本銀行は、すべての銀行、預金取扱金融機関と預金取引をしているわけではない。また、必ずしも中央銀行でなくても、規模が大きく、「銀行の銀行」としての役割を果たすだけの余裕があればよいのであるから、小規模な金融機関の中には、有力な銀行に当座預金残高を置き、中央銀行のように取引をしているものは珍しくない。いずれにしてもいま言ったように中央銀行に置いて置かなければならない当座預金残高を、「準備預金」という。役割から言うと「支払い準備預金」である。業界用語では単に「準備」である。

この中央銀行への準備預金は、経済活動の活発さ加減に応じて、日常的に激しく動いているから、個別の銀行の残高は、瞬間的に他行への支払いに足りなくなる時もある。こういう時のために銀行と、中央銀行と、仲介業者（日本では短資業者という）との三者で、ごく短期の貸し借りをする市場がどこの国でも形成されている。しかし、このような準備の不足がしょっちゅう起こらないように、各行の預金高に応じて準備預金を積んでおかなければならないという「準備率」が決められている。この、市中銀行が中央銀行に置いて置く準備預金の動きと、その過不足を調整する短期金融市場については、あとでまた詳しく説明する。

こうして銀行が中央銀行に置いて置く当座預金残高は、一国の経済活動の結果としての決済の基礎である、銀行の預金残高が円滑に機能するための、基礎であるということが出来る。いわば基礎の基礎である。だから市中の銀行の預金残高をマネーというのに対して、中央銀行への当座預金残高を、基礎のお金、「ベース・マネー」（base money）と呼んでいる。

こうしてお金には、市中の銀行その他の預金取扱金融機関の預金口座の上を動いているマネーと、中央銀行当座預金口座の上を動いているベース・マネーとの2種類があることになる。そして、この2種類のお金は、一方は企業や労働者という、経済活動の主体の、支払い決済のための機構を構成しており、もう一方は銀行と銀行の間の支払い決済のためと、政府のお金が動き、支払い決済が行われるための機構を構成している。決済機構として見たこの二つの機構をペイメント・システム（payment system）という。

◆金融市場とマネタリストの金融政策

さて、この二つの世界の、2種類のお金は、マネタリストが言うように自由勝手に増やせるのであろうか？　前に述べたように企業や個人が銀行に置いている預金残高、つまりマネーストックの方のお金は、銀行が貸し出し＝信用創造をすれば増える。貨幣が供給される。その意味で市中銀行は貨幣の供給機関である。個人が住宅ローンで家を買い、カーローンで車を買えば銀行の貸し出しもそれだけ増え、預金も増えてマネーが増える。家や車の代金を支払うと、増えた預金は借り手の口座から消えるが、住宅建設業者や自動車会社の口座に行っている。なくなったわけではない。しかし、政府や中央銀行が国民に住宅や車を買えと強制することは出来ない。企業に工場を建てろと強制はできない。過剰設備状態の所にさらに設備を増やしたら企業の命取りになる。だからマネーストックは形式的には増やすことは出来るが、現実には政府が勝手に増やすことは出来ない。企業や個人が「その気」にならなくては増えない。

ところが、21世紀の現在、現実に世界の方々で新自由主義者が政権を握り、マネタリストが経済政策、金融政策を牛耳っている。とりわけ日本では時の政権に忠実なだけの人物が、金融と貨幣の供給を左右することが出来る地位、すなわち中央銀行総裁の地位につき、政策を実行している。そして、その結果市中銀行の日本銀行への準備預金残高、つまりベースマネーの方のお金が、何百兆円も、びっくりするほど増えているのである。

どうしてそんなに日本のベースマネーは増えたのであろうか？　こんなことが起こっているのは世

界中で日本だけなのである。繰り返して説明すれば、マネーは勝手に増やすことは出来ないが、経済活動が活発になれば、市中銀行の貸し出しが増えることによって自然に増える。いわば受け身の形で増える。しかし、日本のマネーストックの方のマネー、市中銀行の預金残高の方のマネーは20世紀末から21世紀の初めにかけてあまり増えてはいない。しかし、ベースマネーの方のマネー、日銀の当座預金残高の方のマネーは馬鹿馬鹿しいほど増えている。

どうしてベースマネーの方だけ増えたのであろうか？　自然に増えたのであろうか？　それとも誰かが増やしたのであろうか？　政府と日銀が増やしたのである。マネーは受け身の形でしか増えないが、ベースマネーは政府と日銀が能動的に増やしたのである。なぜそんなことをしたのであろうか？そして、なぜそんなことが出来たのであろうか？　このことを説明するためには、まず政府と中央銀行の取引について説明して置くことが必要である。さらにその基礎知識として、中央銀行の業務としての、銀行に対する業務と、政府に対する業務について説明して置くことが必要である。

中央銀行の取引顧客は市中銀行と政府である。言い換えれば、銀行の銀行であるとともに、政府の銀行である。そして、政府の預金口座の残高の動きを通じて一国の金融と貨幣の供給に大きな影響を及ぼす。実はここが新自由主義者の、マネタリストの、重要な政策実現の場になっているのである。しかしそのためには、ここでもう一度中央銀行の、各市中銀行が置いている当座預金残高の動きと、そこで行われる市中銀行間の貸し借り、市中銀行と中央銀行の間の借り入れと返済、つまり短期金融市場について説明して置くことが必要である。例えば21世紀初めの現在、世界中にお金が余って溢れかえっている。中央銀行の当座預金口座と短期金融市場は中央銀行が金融政策を実施する場であるが、テレビなどのメディアでは、各国の金融政策で滅茶苦茶にお金をばら撒くので世の中はお金が溢れ返っている、といい加減な解説をしている。後の「金融化」の章で説明するが、現代の経済でお金が溢れている原因はもっと複雑である。金融政策は中央銀行の仕事である。中央銀行は市中銀行にお金を貸し出す時の金利を上げたり下げたりして、金融市場の金利を操作することが出来る。また、市中銀行の持っている証券類、国債や手形などを買い上げて、市中銀行の中央銀行への当座預金残高、つまり準備預金＝ベースマネーを増やすことが出来る。これが金融政策の具体的な姿である。こうやってベースマネーは金融政策で創り出し、溜めることは出来る。しかし、一般の商品の売買取引の世界で活動する貨幣、統計で言うマネーストックの方のマネーは、中央銀行の力では増やせない。それを増やすのは、市中銀行が企業に対して、貸し出しや、手形割引などの信用供与を行うことによってである。しかし、企業と銀行がその気にならなければ、企業は借りない。銀行は貸さない。しかし、企業や銀行をその気にさせること、つまり景気の見通しを良くさせる力は、中央銀行にはない。金融政策で景気が良くなるものなら、20世紀末以来日本で景気が悪いわけがない。

さて、まず中央銀行への、市中銀行の当座預金口座の動きである。各市中銀行の口座への入金＝他行からの受け取りと、出金＝他行への支払いの動きは毎日大変な忙しさで、金額は大変巨額である。世の中の商品とサービスのやり取りで、主婦の家事労働のようにタダでなく、お金が支払われているものの総額が国内総生産、いわゆるGDP（gross domestic product）にあたると考えていいのであるが、そのうち紙幣とコインで決済されるものを除いて大部分が銀行の口座上のツケ替えで決済され、さらにその中の大きな部分が企業の取引銀行が違う関係で銀行と銀行の間の支払い決済が必要になり、それが中央銀行の口座の上のツケ替えで決済されることは、これまで述べた通りである。ところが実際の中央銀行の預金口座上の決済金額はGDPより遥かに大きい。

例えば日本ではGDPは20世紀末から21世紀の初めにかけて、大体500兆円から550兆円くらいのものであるが、経済の中で売買取引される金額はGDPとして集計されるものだけではない。株式や社債・国際などの証券類、それに金や小麦、玉蜀黍などの農産物、それに原油など、その実物と離れて金融商品として頻繁に売買されるものはたくさんある。それはもちろん銀行の口座を通じて代金決済される。だから一国のすべての取引額は恐ろしく巨額で、したがって市中銀行と、そして、中央銀行の当座預金口座を出たり入ったりする金額も、大変な金額になる。例えば2017年に日本銀行の当座預金口座上で決済された金額は35,168,833十億円、普通の読み方をすると3京5168兆8330億円である。大体において決済額はGDPの60~70倍くらいである。

そうなると個々の銀行の中央銀行当座預金口座でも、一日のうちで他行への支払いで出ていく金額も、他行から入ってくる金額も巨額である。そうなると各行の中央銀行当座預金口座に置いてある準備預金も巨額に必要だろうと誰しも考えるだろう。もし決済の作業中に残高が足りなくなると支払い不能になる。そうすると、その銀行からの支払いを当てにしていたほかの銀行も支払い不能になる。そして、連鎖反応的に広がっていく。これは金融恐慌と言われているものに他ならない。事実またそう言ったことは何年に一度かは起こるものであるが、普段は大体において受け取りと支払いはバランスしているものである。

一日のうちでも、例えばお昼前までは支払い超過でも、午後には受け取りが多くて一日としてはバランスするということもある。それにある銀行の残高が足りなくなりそうになると、残高がたっぷりある銀行から寸借する。こういっためまぐるしい貸し借りを仲立ちする専門のブローカー業者（日本では短資業者）がいることは、まえにも説明した。そして、この短期金融市場で借りたい銀行が多く、貸したい銀行が少ないと金利が上昇する。政府や中央銀行が景気を下支えしたいと思っている時は金利を上昇させたくないので、そんなときは中央銀行が金を貸す。具体的には中央銀行が短資業者に貸し、短資業者が銀行に貸す。

この時、中央銀行が貸し出す金利は、そのとき市場で銀行同士が貸し借りしている金利より、少し高くする。借りたい銀行はまず市場で貸し手を探して、見つからない時に初めて中央銀行に行きなさい、というわけである。つまり中央銀行は「最後の貸し手」である、というわけである。これは昔イギリスのバジョット（Walter Bagehot）という人が、『ロンバード街』（Lombard Street　1873年）という本で last　resort という英語で言っているのを日本語に訳したものである。但し、2007〜08年の大金融恐慌以来、「最後の」という意味を、金利の関係で最後にいく、という意味でなく、「ここで借りられなければ、支払い不能になって潰れる」と言う意味で使っている人が多いようである。

この金融市場は、いわば金融のプロの中のプロで構成される市場で、極めて精緻でうまく機能している。だから、筆者が1989年に書いた現代新書「銀行と証券」には、1987年の数字として、日本銀行の口座による銀行間の取引決済高が8380兆円であるのに対して、各市中銀行が積んでいる準備預金の方はわずか3兆3141億円ですんでいる、と書いている。準備預金は決済高の2528分の1である。さて、これに対して2017年の日銀決済高は大膨張していて3京5168兆8330億円であるが、30年前と市場の効率が同じと仮定して2528分すると必要な準備預金は13兆9113億円になる。ところが、市中銀行の日銀準備預金総額は何と323兆2409億円もある。決済額が約4・2倍になっているのに対して準備の方は97・5倍にもなっているのである。制度として強制的に積まなければならないことになっている準備預金の額以上に預け入れられたものもあるからそれを合計すると、日銀当座預金総額は368兆4893億円もある。先に計算した必要準備預金総額の13兆9113億円の26・5倍もある。無駄な準備という意味で金融界の専門家は「ブタ積み」と言って嘲笑している。これはどう見てもおかしなことである。

◆ベースマネーはどうやって増やすか?

なぜ、日銀の当座預金残高はこんなに増えたのだろうか?　そもそも中央銀行のベースマネー、市中銀行の預けた当座預金残高はどうしたら増えるのであろうか?　手続きとして簡単なのは、中央銀行が市中銀行に貸せば増える。マネー・ストックの方のマネーが市中銀行が企業や個人に貸せば増えるのと同じである。

ところが、普通はそんなことはしない。なぜなら先に説明したように金融市場の仕組みは機能的に大変よくできていて、しかも「最後の貸し手」の中央銀行より安く借りられる。だから金融市場で借りないで中央銀行の窓口へ行って貸してくださいと言うのは、その銀行がよほどお金に困っていて、金融市場で信用がないために誰も貸してくれないから中央銀行へ行ったのだと思われてしまう。アメリカではよほどのことがない限り、市中銀行は中央銀行である連邦準備制度（Federal Reserve System　Fed. と略す。日本では通常FRBと書かれているが、米英ではFRBと書かれることはない。金融用語辞典でFRBで探しても出てこない）の窓口には行かない。仮にいくとすれば Fed の傘下の12の連邦準備銀行、例えば N.Y.Fed（ニューヨーク連邦準備銀行）であるが、日常業務としてお金の足りない銀行が借りにいくことはない。もちろん2008年のリーマン危機のような大金融恐慌の時は、Fed は N.Y.Fed を通じて巨額の資金を供給した。供給しなければ大銀行がみんな潰れていたからである。

日本ではアメリカほど神経質ではないが、アメリカではヨーロッパからやってきた移民が自分達のコミュニティを建設し、ヨーロッパから持って来た金貨をもとに自分たちの銀行を作って行った民間主導の銀行制度である。そして、何事も州が基本で、州を超える権限を持つ機構としての連邦準備制度が出来たのは、なんと日本より遅い1914年である。日本銀行は何事も欧米のマネをした明治維新直後の1882年に設立された。明治政府の指導で金融制度が出来たようなものだから何事も政府主導で、明治以来日本の銀行は度々政府、日銀のお世話になっている。

とりわけ第二次大戦の敗戦直後にはどこの銀行も実質的には破産状態であったし、その中で大企業との取引が多く、個人客が少なかった三井銀行（現・三井住友銀行）などは預金が集まらないのに借り入れの需要が多く、したがって、準備が弱体でいつも日銀借り入れが多いので有名であった。

ところが、21世紀になると今度は日本中どこの銀行も山のような準備預金を持っている。もう日銀が貸す所ではない。それにその山は日銀が貸し付けて出来た山でもない。

では、どうして山は出来たのであろうか？　政府が発行して、それを市中銀行が買って持っていた国債を、日銀が買ったからである。市中銀行は投資として持っていた国債という資産が減り、代わりに日銀当座預金という資産が増える。日銀は国債という資産が増え、当座預金という負債が増える。その結果が2017年現在で368兆4893億円という山である。

そもそも金融政策は中央銀行が金融市場を通じて市中銀行にお金を流す時の金利を、上げたり下げたりする金利政策と、その時供給するお金の量を増やしたり減らしたりする量的政策の二つである。量的政策は通常、銀行が持っている国債や、市中銀行が取引先企業から買い取った手形（貸し出しの方法の一つとして企業が売上代金として受け取った手形を、満期になって手形代金が支払われるまでの日数に応じた利子を差し引いて銀行が買い取る。これを手形割引という）などを中央銀行が売買することで実施する。買い取った国債や手形などの代金は、その銀行の日銀当座預金口座の残高として記入される。これでベースマネーが増える。逆に市中からお金を吸い上げたいときは、中央銀行が持っている国債や手形などを少し有利な値段で市中銀行に売却する。代金は日銀当座預金口座から差し引く。但し、市中からお金を吸い上げたといっても、減ったのはベースマネーで、マネーストックの方のマネー、市中銀行の預金残高が減ったわけではない。金融に対する直接的な効果は、短期金融市場に出回るお金、つまり各市中銀行が持っている中央銀行当座預金のうちでの余裕分を減らし、市場の金利水準が上がるように仕向けることである。こうして中央銀行が市中銀行を相手に国債などを売ったり買ったりして、資金を供給したり逆に吸い上げたりすることをオペレーションという。買う時は買いオペレーション、売るときは売りオペレーションという。

第二次大戦後は、中央銀行の金融政策の実行手段としては、各国とも金利政策よりもオペレーションによる量的政策の方が日常的には多いと思われる。しかし、アメリカでは連邦準備が実施する金利の上げ下げの方が金融市場に与える影響が大きいようである。しかし、オペレーション政策は量的政策であるとともに金利にも影響を与える。市場にたくさんお金を流し込めば自然と金利は下がるし、反対に吸い上げれば金利は上がる。それにオペレーションの時市場に提示する国債などの値段は、計算すれば自動的に金利を示すことにもなっているからである。

しかし、政府も金融政策の実施機関である中央銀行も、政策の実行の効果としては、量的緩和政策の効果を強調するようになった。お金の量を増やせば、言い換えれば中央銀行の当座預金残高を増やせば、景気が良くなり、その証拠として物価が上がると主張するのである。しかし、これまで説明してきたように、マネーストックの世界とベースマネーの世界は別の世界である。政策当局者が任意に、裁量的に、量を増やすことが出来るのはベースマネーの方である。しかし、ベースマネー、中央銀行の手元にあるお金の量を増やしたからといって、マネーストックの世界、市中銀行の預金口座が関係する場所である資本の価値増殖運動の場は、活発になるとは限らない。中央銀行の当座預金口座残高と、資本の価値増殖運動との間には直接の相関関係はないのである。そこで今度は次章で現実の資本主義経済に戻って、現実の世界ではどんなことが起こっていたかを検討することにしよう。

7　新自由主義政権が現実化して実行したこと

◆第二次大戦後の世界経済の行き詰まり

経済学者や思想家の主張として新自由主義が生まれたのは、前章で述べたように１９３０年代のリップマン討論会とモンペルラン討論会の開催、それに続くモンペルラン協会の創設からであったが、それが主要国で政権による具体的な政策となって実施されたのは、それから３０年ばかり経った第二次大戦後であった。それまでは経済学の世界でもケインズ経済学が全盛であったし、アメリカではルーズベルト大統領をはじめとする民主党政権によるニューディール政策が、イギリスでは労働党政権による、「ゆりかごから墓場まで」と表現された社会福祉政策が実行された。これらの状況から、「福祉国家」という言葉まで生まれた。

しかし、初めは景気を良くするのに効き目があると思われていたこれらの政策も、第二次大戦後２

0年も経つと、段々問題が出てきた。一般に一国の経済力が低下してくると景気が悪くなって税収が増えなくなり、かといって社会政策支出を減らすと選挙に負けるので財政支出は減らしにくい。結局財政は赤字になる。一方、外国との関係では国際競争力が低下し、輸出が減って輸入が増えるから貿易はたいてい赤字になる。財政赤字の方は国内問題だから国債を発行するなど借金でゴマ化せるが、貿易の赤字や外国金融機関からの借り入れなどは外国との関係だからゴマ化しが利かない。財政赤字も国内問題だと言ったが、国内の銀行や保険会社、年金などの機関投資家も経済情勢の悪化が続くと資力が低下し、国内では国債が満足に売れないので高い金利をつけて外国の銀行などの投資家に買ってもらうことになる。貿易赤字の代金はもちろんすぐに払わなければならないし、外国の投資家に買ってもらった国債の利子や償還期限の来たものはすぐ払わないと国際金融市場で大騒ぎになり、信用を失墜して以後金を貸してもらえなくなる。

言うまでもないことだが、この厳しい国際金融の世界で、各国が互いに貸し借りしているお金は、世界中誰でも喜んで受け取るお金、持っていてその間に値打ちが下がらないお金である。それは昔はイギリスのポンド、現代ではアメリカのドルである。第二次大戦後世界経済が破壊と各国とも借金だらけという壊滅状態にあり、国際競争力があるのはアメリカだけという状態から復興する過程では、各国共通の問題は「ドル不足」であった。逆に言うとドルさえあればゴマ化しが利いた。

さて、21世紀の現在、世界最悪の財政状態にあるのは外ならぬ日本で、国内総生産（GDP）の倍ぐらい、約1000兆円ないしそれ以上の国債の発行残高があり、他の政府借入を併せたら150

0兆円以上の政府の借金があるという状態である。それでも自民・公明政権がつぶれなかったのは、この借金が国内の借金で、外国からの借金ではなく、逆にドルをうんと持っていたからである。長年主としてアメリカに一所懸命に輸出し、中国はじめ東南アジア諸国が成長してくるとこれら近隣諸国にも輸出しまくって溜めたドルが1兆ドルもあったのである。このドルは外貨準備すなわち政府が持っているドルである。輸出するのは政府ではなく民間企業であるが、民間企業は輸出代金のドルはすぐ売る。売ればドルの為替相場が下がり、ドル相場を高く維持したいアメリカ政府のご機嫌を損ねる。そして、輸出のため円安にしたい日本の財界のご機嫌も損ねる。そこで日本政府は外国為替市場で売りに出たドルを買い、円を売る。ということで日本の外貨準備は溜まる。このドルを買うお金も政府の借金である。短期の国債を発行して日銀に買ってもらい、それで買う。

つまり、国内経済では景気をもたせるために財政支出でお金をバラ撒き、その結果膨大な借金が出来、一方その借金の一部で買ったドルを1兆ドルほど、ニューヨーク連邦準備銀行の預金とアメリカ国債という形で持っている、という話である。外国関係はこのドルでゴマ化せる。つまり国内、国外ともゴマ化せる、というのが日本政府の財産状態であるが、要するに日本政府は完全な破産状態である。

さて、この日本政府にお金を貸しているのは、あとで説明するように日本銀行である。日本銀行は形式的には独立した存在であるが、実は完全に政府に従属した存在で、とりわけ21世紀になって長期に政権を担った第二次安倍内閣が任命した黒田日銀総裁は忠実に国債を買い続けた。しかし、これは日本国内のことで、外国の人々は半ば呆れ、半ば感心して眺めている。最近ではMMT（Modern Monetary Theory）と称して、日本の状態を証拠にして、政府はいくらでも中央銀行から借金しても大丈夫なのだという、はなはだ怪しげな「理論」がアメリカで登場する始末である。しかし、日本が何とか保っているのは、結局日本政府が借金で買った1兆ドルのおかげである。ということは、もし原油価格が上昇するなどで日本の貿易赤字が拡大し、外国への投資収益で何とか持っている経常収支も赤字になったらおしまいである。1兆ドルもあれよあれよという間に消えるだろう。そうなると円は大暴落し、資源のない日本がどうしても輸入しなければならない原油や鉄鉱石、小麦や大豆、トウモロコシなどの値段は暴騰する。つまり悪性インフレーションの火ぶたが切って降ろされる。借金王国日本の信用は1兆ドルと、その基礎である国際収支、さらにその基礎である国際競争力にかかっている。

だが、こうしてドルの信用のお陰で何とか凌いで行ける間は良い。しかし、その最後の頼りのドルも、実は戦後早くからその基礎は揺らいでいたのである。それを示すのが次に説明するブレトン・ウッズ体制とその崩壊である。

◆ブレトン・ウッズ体制

これまで説明してきたように、景気対策、資本主義経済に必然的に発生する過剰の対策としてケインズ主義的な政策がとられてきたが、第二次大戦は巨額の需要を資本主義経済にもたらして大きなプラスになったが、それと同時に戦争が終わったら、戦前よりもずっと大きな過剰に苦しむことになると心配された。アメリカを筆頭に世界各国とも戦争に勝つために工業も農業も大拡張をやっているからである。ほうっておけば1930年代を上回る大恐慌を引き起こすのではないかという恐怖に包まれた。そして思い起こされたのは、第二次大戦前の貿易戦争、為替相場引き下げ戦争、有力国が閉じ籠ろうとしたブロック経済の失敗であった。

現実に戦後世界経済に需要を補強し、安定と復興に役立ったのはヨーロッパへのマーシャル援助と対日援助、それに現実の大量の需要を持ち込んだ朝鮮戦争であったが、制度的な対策としては世界の通貨の安定策として結ばれた「国際通貨基金（IMF International Monetary Fund）協定」と貿易戦争を禁止するための「関税及び貿易に関する一般協定（GATT General Agreement on Tariffs and Trade）」であった。この二つを中心とする、世界経済の安定を目的とした協定は、1944年7月、アメリカのニューハンプシャー州ブレトン・ウッズに戦勝国を中心として44国が集まって結ばれたので、これによって形成された世界の通貨と貿易に関する秩序を「ブレトン・ウッズ体制」と呼んでいる。

この二つの協定はどちらも重要であるが、特に世界経済に一つのルールとして作用したのはIMF協定の方であった。その骨子は米ドルの値打ちを1トロイオンス（31.1035g）＝35ドルと決め、各国の通貨とドルとの交換比率（つまり為替相場）を固定することと、各国の中央銀行など通貨当局が、手持ちのドルを金と交換してくれ（つまり金を売ってほしい）と請求してきたら、アメリカ政府は無条件に応じなければならないというものであった。ところがこの協定の核心である、金を固定価格でいつでも売りますという約束をアメリカが守れなくなったのである。

◆体制崩壊の根本原因

アメリカはIMF協定を守れなくなり、1971年8月、突如ドルと金との交換を停止してしまった。このことはそれまで世界各国の通貨・金融政策をアメリカの支配の下に縛ってきた制約、経済運営のルールとして、よく言えば安定させてきた秩序が、突如として消えてなくなったことを意味していて、「ブレトン・ウッズ体制の崩壊」と呼ばれている。

しかし、この事件はドルと各国の通貨との関係、アメリカ経済と各国の経済の関係の問題であるのに留まらない。先にも述べたように一国の経済状態が悪くなると国内でも対外関係でも問題が起こるが、外国との関係は国内問題のようにゴマ化しが利かないから、対外関係の方が、問題が鋭い形で現れる。アメリカの金交換停止は世界各国を驚愕させたが、問題の根源はアメリカ経済の弱体化にあった。

アメリカ経済は1930年代に国内の大恐慌、次いで世界恐慌を経験し、それに対して33年に登場したルーズヴェルト大統領によるニューディール政策、第二次大戦、戦後の歴代大統領、特にケネディ、ジョンソン政権による「偉大な社会」と称する盛大なスペンディング、財政支出のバラ撒き政策などを、次々と経験してきた。

そして、「冷たい戦争」と称して旧ソ連と、国内戦に共産党が勝利した中国を仮想敵国に仕立てた大軍備拡張、朝鮮戦争、ベトナム戦争を始めとする世界各地での軍事介入、そして、それに当然伴う巨額の軍事支出を続けた。つまり第二次大戦中と同様の戦時経済政策を続けてきたのである。ケインズ主義的財政支出と、戦時同様の軍事支出を、アメリカはずっと続けてきたわけで、二つ合わせて超巨額の「裁量的財政支出」を続けたことになる。

ところが、大戦が終わって20年も経つか経たないかの、1960年代頃から、いくら国の内外にお金をバラ撒いても景気が良くならず、経済は停滞状態を続けるようになり、しかも物価は上昇を続けるようになった。停滞という英語はスタグネーション（stagnation）で、物価の上昇はインフレーション（inflation）だから、この二つをくっつけてスタグフレーション（stagflation）という言葉が生まれた。

物価が上がるけれども景気は良くならないということは、政府の裁量によって、財政支出を増やし、需要を創り出せば景気は良くなるという、いわゆるケインズ主義的経済政策は効果がないということになって、反対派＝新自由主義マネタリスト経済学者と、資本家勢力を喜ばせたのであった。ケインズの理論では財政支出によって景気が良くなり、完全雇用が達成されるまでは物価も上がらないことになっているので、スタグフレーションは大変困ったことであった。

スタグフレーションの外にアメリカ政府を困らせたのは、一つはインフレと関係のあることであるが、金の市場での価格が非常に上がったことと、アメリカからの資本流出であった。資本の流出とは、アメリカの銀行が外国の政府や企業へ貸し出したり、機関投資家が海外投資、つまり外国の企業の株式を買ったり、外国の債券類に投資することである。アメリカからこうして資本が出ていくということは外国が持つドルが増えるということ、具体的には外国の金融機関や企業の、アメリカの銀行への預金口座残高が増えること、それと外国の中央銀行が民間から買ったドル＝具体的にはニューヨーク連邦準備銀行への預金残高やアメリカ国債の手持ち高が増えることである。

そもそも外国の銀行や企業の手持ちドル残高が増えるということはアメリカの経済力、国際競争力が低下して輸出が減り、輸入が増えるからである。それは前にグローバライゼーションの章で説明したように、アメリカの製造業のコストが高くて儲からなくなり、アメリカの企業がアメリカ国内での生産をやめて外国の安価な製品を輸入したり、工場を外国に移転してそこから輸入し、それを国内で売る方が儲かるからである。資本の増殖運動としてはそれが合理的な行動である。

こうして輸入が増える。アメリカの輸出は強力な農業と先端的な技術による半導体工業製品に偏っていて、19世紀から20世紀にかけての従来の工業はむしろ縮小気味である。鉄鋼は第二次大戦期には1億5000万トンの能力をもっていたが、21世紀の現在では3500万トン程度しか生産せず、多くを輸入している。生産技術が普及して、どこでも大量生産で同じような標準的な製品を作れるようになったことを、その商品がコモディティ化（commodity）したと言うが、アメリカ経済はある商品がコモディティ化すると生産を縮小するか停止して、賃金が安くコストの低い新興国＝後発資本主義国からの輸入に依存するようになるのが普通である。したがって、戦後のアメリカ経済は生産面では自然条件に恵まれた農業と、シェール・オイル技術の革新によって大産油国になった石油業の外は、最先端技術による情報・通信産業や航空機、兵器産業に偏り、それ以外の商品は輸入に依存しがちである。一方絶えざる財政資金のバラ撒きと、長期に亘る金融の緩和、低金利政策によって貨幣資本は常に過剰供給状態で、住宅ローンやカーローンを中心に消費者信用は膨張しており、住宅建設や個人の最終消費を支えている。

これが大変大雑把に見た現代のアメリカ経済の性格で、輸出が増えず、輸入が増え、貿易は赤字になる。その上に資本は外国に流出して外国にドルが溜まる。これは資本の価値増殖運動としては合理的な行動を行っていると言えるが、アメリカ経済全体としては困ることになり、中間層の没落と所得格差の極端な増大、貧困家庭の増大などの社会問題が増幅することとなる。

◆やってみて無理と分かった実験

こうして外国に溜まったドルはじっとしてはいられない。運動させなければ増殖しない。しかし、溜まった原因はアメリカでもどこでも、生産も新規投資も不振だからである。資本は生産面では行きどころがない。このような場合、貨幣は生産に直接関係のない、資産への投資に向かうのが普通である。投資対象としての資産の代表的なものは株式と不動産であるが、1960~70年代のこの場合、外国に溜まったドルが向かったのは金であった。IMF体制でアメリカは、外国の中央銀行や通貨当局ならドルと金をいつでも交換すると約束したが、それと同時に金の交換価格は1トロイオンス35ドルに固定しており、市中の金の相場がいくらになろうと35ドルで交換するということでもあった。

ところが1960年代に金の市場での価格はじりじりと高騰した。市場価格をIMF協定価格の1トロイオンス35ドルから余りかけ離れないようにするためには、アメリカ財務省は外国当局からの交換請求に対して保有する金を売り続けなければならないが、いくら売っても交換請求は留まるところがなかった。金の市場価格がどんどん上がるということは、ドルの市場での価値がどんどん下がるということである。ドルを持ち続ける方がバカというものである。各国の中で交換請求しなかったのは、アメリカの従属国日本の政府だけであった。

結局アメリカの保有する金は見る見るうちに減ってしまった。アメリカの公的な金保有はIMF協定の基礎である。民間にはたくさんあっても、アメリカ財務省は民間（市場）から高い値段で買ってそれを35ドルで売るわけには行かない。IMF協定は順守不可能になった。

こうしてブレトン・ウッズ体制は崩壊した。しかし考えてみると、IMF協定は1944年に結ばれ、71年には「崩壊」した。維持されたのはわずか27年間に過ぎない。長い資本主義の歴史の中でホンの短期間に過ぎない。むしろ実験してみた結果無理だと分かった失敗策と見るべきであろう。結局それは「ドル不足」の時代、アメリカ一国だけが強く、他国はみんな弱い時代には通用するが、各国が復興して、アメリカ経済は、企業は儲かっていてもアメリカ経済全体としては弱体化し、「ドル過剰」になった時代にはもう通用しないことなのであった。

それではそれ以後世界の資本主義経済はどうなったであろうか？　一つの現象は為替相場と、為替相場と密接に関係する金利が、不安定になったことである。その典型は円で、ブレトン・ウッズ体制下では1ドル360円であったものが、1971年8月にアメリカが金交換を停止した後、まず308円になり、77年には234円から一時は195円になった。そして、1992年にはついに市場の相場が120円を割った。ブレトン・ウッズ時代に比べて3倍の円高相場になったわけで、それまで1000円のものがアメリカで2・78ドルであったものが8・33ドル、つまり3倍になる。それでは売れるわけがないから仮に同じ値段の2・78ドルで売ろうとすれば、334円にしかならない。コストを3分の1以下に切り詰めなければ利益は出ないことになる。つまり為替相場の変動は国内経済に大きな体質変化を強要するということである。アメリカへ輸出する商品のメーカーは製造の効率を格段に上げるとともに賃金の大幅なカットと人員整理による人件費削減を余儀なくされる。日本の企業は死に物狂いの合理化、コストカット、新商品の開発を行ったのであった。

但し、これと同時に輸入代金も3分の1になるわけで、外国の輸出業者はさっそく値上げを迫るであろうが、原材料輸入産業は大きな恩恵を被《こうむ》ることになる。例えば鉄鋼は輸入鉄鉱石と石炭の塊のようなものであるから大変な利益を得ることになる。原油とその色々な誘導体についても同様である。

円の対ドル相場はその後も高騰し、一時は70円台まであったが、21世紀初頭にはほぼ110円前後の水準で変動している。もちろん陰では日本政府が相場に介入し、円安水準を維持するよう操作している。

しかし、いずれにせよ、以上に述べたようにバラ撒き政策があまり効果がないこと、スタグフレーション、貿易赤字と資本の流出、その結果としての金交換停止というくつもの現象は、アメリカの経済力の低下を示すものであることは間違いのない所である。そしてその中で、20世紀末から21世紀初頭にかけて中国経済が高成長を遂げるまで、アメリカへの最大の貿易黒字国であり、自動車工業・電機産業に対する脅威となったのは日本で、製造業中心国がアメリカから中国へ完全に移動するまでの中間的、暫定的な中心国的現象を呈したことに対するアメリカの反発は強烈であった。

これが1980年代のレーガン政権とそれに続く民主党政権による対日経済干渉となって表れた。1990年前後に次々と実行されたのは日本の対米輸出商品を標的とした「制裁」であり、それに続いて日米構造協議、日米円ドル委員会などで、「アメリカへの輸出を減らせ」、「輸出するより日本の国内消費を増やせ」という露骨な内政干渉が行われた。1990年の日米構造協議最終報告書では、日本は10年間に430兆円の公共投資による財政支出増加を行うことを強制されたのであった。日本の財政破綻はここから始まったのである。

◆各国の新自由主義政権の誕生とその政策

前項のような、スタグフレーションという現実の経済の行き詰まり現象、そして、ブレトン・ウッズ体制の崩壊とともに、理論面でも経済学の世界で、ケインズ経済学が力を失って、新古典派経済学が世界の非マルクス経済学で主流の地位を占めるようになった。そして政治の世界でも、各国で続々と新自由主義政権が誕生した。

まず、最初に出現したのはイギリスのサッチャー政権（1971〜90年）であり、次いでアメリカでレーガン政権（1981〜88年）が誕生し、日本では2001年に小泉純一郎政権が生まれた。ドイツでは後にメルケルの保守長期政権が登場するが、それ以前に、伝統ある社会民主主義政党であるはずの社会民主党のシュレーダー政権によって、労働者の解雇制限の緩和（2003年の「シュレーダー改革」）という、信じがたい政策の大転換が実行された。

これらの主要国における新自由主義政権の実行した政策は、一つには19世紀末以来労働者階級の闘争によって獲得されて来た労働者保護立法に対する反撃、資本の横暴な蓄積行動を規制する立法の廃止や骨抜き、ケインズ主義的な財政政策の無効を主張して、小さい政府の名の下に社会政策支出を縮小すること、財政改革と称して法人税と高額所得者課税の大幅減税を行うこと、などであった。そして、もう一つの金融政策としては、新自由主義経済学者の理論であるマネタリズムに従って金融機構に大量の貨幣を注入する、いわゆる金融の量的緩和政策であった。

この中で最も重要なものは労働者の権利の縮小、労働者保護立法の後退である。19世紀以来労働者階級の戦線で前進を見たものは労働者の団結権と争議権の保証に関してであった。しかし、20世紀の最後の4分の1世紀以後、つまり新自由主義の影が全世界を覆うようになってから以後、大企業をめぐる激しい大争議は、主要国ではほとんど発生していない。法によって団結権は形式的に保証されていても、労働組合の組織率は21世紀の現在主要資本主義国においてはほとんど10〜20%台に低下していると思われる。また先に述べたように、歴史と伝統のあるドイツ社会民主党の「シュレーダー改革」による解雇規制の緩和が、沈滞していたドイツ経済が回復し、力強さを取り戻した要因として称賛され、ヨーロッパ諸国の労働政策の範とされているという、悲しむべき状況を示すようになった。

こうした労働戦線における資本の攻勢、労働者階級の戦線の後退はこれまでも述べたように先進国における産業構造の変化、重化学工業の比率の縮小とサービス産業の拡大が、大きな影響を及ぼしている。非製造業の中で大きな比重を持って来たのは運輸交通産業、大規模小売業、飲食業、医療・介護事業などであるが、中でも飲食業、大規模小売業は、大きな固定設備投資を必要とせず、資本の有機的構成が極めて低い。したがって参入障壁が低く、短期間に多数の出店が可能である。したがって、競争が極めて激しい。要するに過剰出店、過当競争が基本的体質になっている。そして、要請される労働の質は不熟練労働であり、多年の経験を必要としないものである。また、離職率が極めて高い。

こうした体質が基礎になってサービス業においては非正規雇用と、それによる低賃金が普通でありむしろ存在基盤になっている。そして、19~20世紀型の重化学工業を中心とする製造工業の停滞・縮小は、それまで中産階級を構成してきた多数の熟練労働者を失業と低賃金労働に追い込んだ。その結果女性はますます家計補助労働につかざるを得なくなり、子弟は進学を諦めて就労せざるを得なくなった。さらに高齢者までが働かざるを得なくなっている。こうしてますます非正規、低賃金労働、女性若年労働が増大しているのであるが、日本における自民・公明政権の「働き方改革」の実態はまさにこれである。人口減少期に入った日本は低賃金単純労働者が絶対的に不足し、21世紀初めの安倍政権は技能労働者の受け入れの名の下に実質的な移民の受け入れに踏み切った。

新自由主義的低賃金推進政策は、欧米に続いて日本においても大きな社会的変動をもたらすものと推測される。

◆資本の蓄積運動の規制の撤廃

現代の経済で資本の蓄積運動、価値増殖運動が、停滞すると同時に大きく変わったことは次章の「金融化」で詳しく述べるが、新自由主義政権が対労働者戦線での反撃に続いて推進したのは資本の増殖運動に対する制限の撤廃であった。新自由主義の考え方を紹介したところで述べたように、新自由主義がかつてのアダム・スミスたちの自由主義と違う点は、彼らの考えによれば、資本の自由な行動をケインズ主義者や社会主義者が政府の権力を握り、法律によって自由を規制しているのだから、それを撤廃するためにはやはり自分たちが政権を握り、法律によって撤廃しなければならないと考えたところにある。

労働者の権利を削り取るとともに、共和党を中心とするアメリカの新自由主義者たちが最大の目標としたのはグラス・スティーガル法の撤廃であった。グラス・スティーガル法とは1933年連邦銀行法のことである。アメリカの銀行制度についてはこれまでも説明したが、複雑であるのと、欧米の制度について意外によく知られていないので、重複をおそれず重ねて説明して置く。

アメリカはイギリスを中心とした移民が東北部海岸から西に向かって次々と植民地を作り、州(state)を作ってそれが合体した連邦国家である。だから何事も州が基本で、連邦つまり国の権限は合衆国憲法で戦争、外国との条約、それと州際商業（interstate commerce）に限られている。一つの州内でだけ行うビジネスなど今どき滅多にないから、経済に関することは何でもこの州際商業条項に引っ掛けて、連邦の法律、規則（rule）を作る。しかし、銀行も州の法律によって設立された州法銀行が先で、州法銀行は大陸ヨーロッパの銀行と同様銀行であると同時に証券会社でもあるユニバーサル・バンク（universal bank）で、現在では大銀行も連邦の法律に従っている国法銀行であるが、もとはウオール街を牛耳るモルガンなど有力金融業者はみんな州法銀行―証券会社であった。「1863年及び1864年国定通貨及び国法銀行法」に従ってできた国法銀行はウオール街では新参者で、良い取引先、優良証券の発行はモルガンらに抑えられていた。国法銀行は直接証券業務が出来なかったから、「証券子会社」を作って営業したが、1920年代の黄金時代にも良い証券はモルガンらに囲い込まれ、結局質の悪い不良証券に手を出さざるを得なくなり、大恐慌の原因を作ったと同時に、親銀行も巻き込んですべて破綻した。

グラス・スティーガル法、1933年銀行法は、銀行がこの銀行子会社を作って証券業務を営むことを禁止したものである。前に説明したように、銀行法の1933年改正法と言った方が正確で、「何法の何条をこう訂正せよ」とか、「何法の何条の条文の後にこう言う文言を付け加えろ」だとか言う内容である。そして、それから70～80年の月日が過ぎた。1920～30年代に銀行を証券業務に駆り立てたものは、熱狂的な証券市場の高利潤とそれをモルガンらが独占していることであった。現代ではどんな事情になっているであろうか？

これも後で述べるように、金融というビジネスをめぐる環境は、大幅に変わった。あとで金融化の章で説明するように、元々資金需要がなく、低金利政策が長く続いている上に、マネタリズムでベースマネーは、これでもか、これでもかとばかり注入される。つまりお金を貸す商売にとって、大変やり難い情勢になっている。日本では中央銀行の馬鹿げたとしか言いようのない準備金過剰供給政策と中央銀行に金を預けたら逆に利子を取られるという「マイナス金利政策」で、とにかく世の中にお金があふれかえり、信用度の低い法人、個人以外にはお金を借りる人を探すのに苦労するという、お金を貸して利子を取るという銀行業にとっては大変商売をやり難い世の中になっている。そして、お金の需要供給は、大体短期の証券の取引の形で行われることが多くなっている。それに住宅ローン、カーローン、カードローン、あるいは銀行の一般貸付債権までが、みんな証券化されて活発に売買されている。さらにお金があるに任せてM&A（合併、合同）や海外投資が盛んである。こうした大口の金額の取引は、証券業者の領分で、その手数料は甚だ高率、高額である。これを前にして、銀行はいま言ったように金を貸すところがなくて困り、次第に不良な貸し出しと、信用度に不安のある海外投資にのめりこんでいく。

グラス・スティーガル法はまさにこういった事態を防ごうとしたもので、貸すところがないといって不良な証券に銀行が手を出さないようにしたものであるが、それと同時に証券化商品の取引という、新しい魅力的なビジネスが目の前に展開されているのに、グラス・スティーガル法くらい邪魔になる法律はなかった。こうしてアメリカでは、グラス・スティーガル法の骨抜きが進められて行ったのであるが、最終的に1999年「グラム・リーチ・ブライリー法（Gramm Leach Bliley Act of 1999）」によって銀行と証券の分離法制は廃止された。日本でももちろん銀証分離はアメリカより先に廃止され、証券取引法は金融商品取引法になった。

資本の蓄積運動に規制を加えるという、ニューディール的な考え方は、こうして新自由主義政権にとって目の敵であったが、もう一つ見逃してはならないものは大規模小売店、つまり百貨店やスーパー、コンビニなどに対する出店の規制である。日本では先に述べた1980年代のアメリカの対日内政干渉の一つとして、具体的にはウォルマートの日本進出の援護策として、いわゆる大店法の改正の形で規制が撤廃された。

大規模小売店が思うままに出店すると、周辺の個人商店はすべて潰れ、商店街は消滅する。そして、それだけではない。資本は出店しても収益率が低ければ、たちまちのうちに撤退する。後に残された住民は日用品の買い物に行くところが消滅して買い物難民になる。日常生活に困難をきたし、高齢者にとっては生きていくのが難しくなる。日本で得々として小泉純一郎政権が実行した「規制緩和」の実相はこれである。

小売商業の規制緩和は鉄道・バス事業の民営化と本質は同じである。国鉄民営化によって多くの線が廃止され、または地方自治体に押し付けて第三セクター経営に移行しても、大半は経営困難になって廃止される。山間部のバス路線も同様である。生活必需品の流通確保と、地域住民の交通手段確保は同じ性質のものである。財政の基本的な機能としての所得の再配分は、所得階層間の再配分だけではない。日本国内に居住している日本人はすべて同じ日本国民であるから、例えば沖縄県・北海道には、そこから上がる税収よりも多い財政支出が行われていても不服を申し出る国民はいない。東京の山手線を独立採算化したら今よりはるかに運賃は引き下げることが出来るが、東京都民はそれに対して不服を申し出たりしない。だからこういった事業は国営が適しているのであって、資本の増殖運動の対象にしてはいけないのである。逆に言えば、同じＥＵ国民という意識がまだ育っていないＥＵで、通貨・金融・財政の制度にはまだ手を付けてはいけないのである。この三つの制度は互いに関連していて、所得の地域的再配分の手段だからである。東海道新幹線はＪＲ東海に巨額の利益をもたらしているが、ＪＲ東海の繁栄は、ＪＲ東海の集客努力によるものではない。無用なリニア新幹線の開発費などは取り上げ、本来不利な３島ＪＲ、北海道、四国、九州の住民のために再配分するのが筋である。

◆新自由主義の金融政策

これまでも述べたように、新自由主義の経済学者は貨幣数量説の信者、マネタリストである。彼らの主張は経済の中にある貨幣の量を動かせば、ほかの量、例えば物価とか雇用などの数字がそれに応じて動くというものである。

但し、前に説明したように貨幣には市中銀行に預けられている預金の量、マネーストックとして統計で示されている貨幣と、市中の銀行が中央銀行に預けている当座預金の量に、その中央銀行当座預金から市中銀行によって引き出され、さらに民間の個人や企業によって銀行から引き出された銀行券の量を足したもの、統計でベースマネーとして示されているものとの2種類ある。マネタリストがマネー、貨幣と言っているのはベースマネーの方である。ベースマネーを増やすには、中央銀行が市中銀行に貸すという方法ではなく、市中が持っている何らかの資産、通常投資として持っている国債などの債券類か、市中銀行が企業から手形割引で買い取った手形などの証券類を、中央銀行が買い取り、その代金を市中銀行が中央銀行に持っている当座預金口座に入金する、という方法を取るということは、前に説明した通りである。

さて、このマネタリストの主張は果たして本当だろうか、というのが問題である。マネタリストは、ケインズが言うように政府の裁量によって一時的に需要を増やしても、それによって景気が良くなったことを示す色々な量は動かないと主張し、そうではなく、貨幣量つまりベースマネーの量を増やしてやれば、景気が良くなっていることを示す量、例えば物価とか雇用などの量が動く（上昇する）というのである。

この点で有名なのは、ミルトン・フリードマンが、中央銀行が必要なだけの貨幣を市中銀行に供給してやっていたら、1930年代のあの大恐慌は起こらなかっただろうという意味のことをいったことである。確かに金融恐慌は市中銀行の、中央銀行への準備預金口座残高が足りなくなって、準備預金口座間の決済で他行に支払い不能、決済不能になり、それが連鎖反応的に拡大することで起こる。この時フリードマンが言うように、中央銀行の口座残高がなくなった銀行に、中央銀行が気前よく残高を補給してやれば、金融恐慌はある程度防げるかもしれない。

しかし、問題は銀行の間の支払い不能だけではない。マネタリストは、ベースマネーの量を動かせば、経済活動全体に関係する量、例えば生産、雇用、物価など、景気の良し悪しに関係する量が、それに応じて変動すると言っているのである。果たしてベースマネーを増やしてやれば、企業は投資を増やすだろうか？　そして、それに応じて市中銀行は貸し出しを増やすだろうか？　その結果市中銀行の預金量は増え、雇用は増え、失業率は下がるだろうか？

この場合しばしば見られるのが、前に説明した疑似相関である。ある量例えばベースマネーの量が増えた時、生産が増加したとする。しかし、それだけでは貨幣量の増加が、生産の増大の原因だという証明にはならない。21世紀初頭の日本でそのようなこと、ベースマネーの増加と景気の回復が同時に起こったことがある。しかしその原因は、中国経済の高度成長、対中国輸出の急激な増大であった。日銀は20世紀末以来金融の量的緩和政策、つまり買いオペによってベースマネーを供給する政策を取っていたのであるが、中国への輸出が大きく増え始めるまで、景気はちっとも良くならなかったのである。

◆アベノミクス・黒田路線の滅茶苦茶なベースマネー累積

21世紀初頭に自民党長期政権を担った安倍首相の経済政策はアベノミクスと俗称されている。そして、アベノミクスの金融政策を忠実に、そして大規模に実行したのは、安倍首相が前任者の白川方明氏を解任して代わりに据えた黒田日銀総裁であった。また、安倍首相も黒田総裁も理論家ではなく、ブレーンとして政策の立案、執行に大きな影響を与えたのは浜田宏一エール大学教授や、浜田教授と共同して研究し、日銀政策委員に任命された若田部昌澄早稲田大学教授らであろうと推測される。

その結果が前に述べた2017年現在の368兆4893億円という驚異的な日銀当座預金残高である。日銀券流通高などを併せたベースマネー全体なら479兆9976億円である。日銀の決済システムの取扱高は1989年に比べて2017年には4・2倍になっていたのであるが、それを担う当座預金残高は111倍という大膨張である。そして問題は、これだけ貨幣量を増やしたのだから、マネタリストが言う通りなら経済活動の規模もその分だけ大きくなっているはずであるが、GDPの規模は500兆円辺りから、21世紀の10年代では550兆円ぐらいにしか成長していない。わずか10％の増である。貨幣関係の統計で、前に1989年と2017年の数字を比較したから、それと併せてみよう。マネタリストが言うようにベースマネーの供給増が経済活動に刺激を与えるのであれば、企業が投資を増やし、それを受けて銀行が貸し出しを増やしているはずである。ところが国内銀行貸出し統計は412兆4079億円から505兆2380億円へと、わずか1・225倍にしか増えていない。また、貸し出しが増えれば預金量も増えるはずであるが、国内銀行預金は459兆8039億円から763兆2440億円へと1・66倍の伸びに留まっている。

そして、この間日本経済は、1980年代の株式と不動産のバブルが破裂して金融恐慌となり、その後長期の停滞に入った。そして、21世紀に入ってわずかながらの景気回復と成長を見せたのであるが、これはほとんど中国の驚異的な経済成長による対中国輸出の急増の結果と思われる。また、2

008年にはアメリカを発信地として欧米にまたがる、リーマン危機と呼ばれる大金融恐慌が発生しているのであるが、日本の金融機構はいま言った20世紀末の金融恐慌によって、かつて20行を数えた都市銀行が3大メガバンクに集中されるという徹底的な整理と再編成が行われたのと、対中輸出増による景気回復によって影響は限定的なものであった。

ともかく、経済活動の成長、資本の増殖運動の増進に与える要素は数多くあり、貨幣供給量の増加は仮に経済活動に影響を与えるとしても、多くの影響を与える要素の中の一つに過ぎないであろう。それどころか、むしろ、景気上昇の、原因というよりも結果と見るべきではないかと思われる。

◆マネタリズムと財政の関係

前に説明したように、市中銀行の預金残高という意味のマネー、貨幣の量は、政府が市中銀行と企業に強制して、貸し出しとそれに伴う預金残高を増やさせるというわけにはいかない以上、政府が政策だといって勝手に増やすことは出来ない。政府や中央銀行が金融政策として増やせるのはベースマネー、市中銀行が中央銀行に置く当座預金残高だけである。

そして、それは中央銀行が市中銀行に貸し付けるという形を取るのは、金融恐慌など非常のときを除いて難しく、中央銀行が市中銀行の持っている証券類、特に国債を買い取るという、「買いオペ」の形をとることを説明した。ということは、先に述べたように日本では日銀の当座預金口座の残高が2017年末に368兆円あまりにもなっているが、それはそれだけたくさんの国債を日銀が買ったのだということである。事実2017年末の日銀の国債保有残高は440兆6729億円もある。そして、それは政府がそれだけたくさんの国債を発行していなければ出来ない。たくさんなければ買いたくても買いようがないからである。

しかし、これは新自由主義者の理想通り各国で政権を握り、新自由主義的経済政策を実現しているのにしては、いささか奇妙な話である。右にあげた数字は日本のものだが、アメリカでもヨーロッパ（EU）でも、金融政策は量的緩和政策、つまり買いオペでベースマネーをたくさん供給する政策を取っている。

そもそも新自由主義の経済の考え方は、ケインズ的な、政府の裁量による需要の補強策、つまり財政支出の増大に反対で、「小さい政府」を呼号しているはずである。「大きな政府」は財政支出が当然大きいから、それを賄うためには税収も大きくしなければならない。つまり所得が大きい層から税金を取って貧しい層にバラ撒く、「所得の再配分」政策を取ることになる。しかし、これは新自由主義者がその利害を代弁してやっている富裕層の一番嫌う所である。だから「小さい政府」にし、財政支出を圧縮するのが新自由主義者の主張になる。

しかし、国債がたくさん発行されるということは、財政支出が税収よりずっと大きく、したがって、財政赤字が大きいということに他ならない。これはどういうことであろうか？　その理由の第一は、「小さい政府」政策としてまず税収を減らす政策を取ること、つまり大幅な減税を行うためである。税金は高額所得者からとるのが当たり前である。つまり大企業と富裕な個人から取る。ところがケインズ主義的な所得再配分政策で行われていた高額所得に対する累進課税をやめる。

富豪にとっては大減税である。そして、法人税を大幅に引き下げる。後で述べるタックス・ヘイヴン（税金逃れのために住所つまり収入が発生する所を税率の低い国に移したり、隠したりするのに都合の良い国や地域のこと）による脱税の手段として、大企業は形式的に本社を法人税率の低い国に移し、法人税を逃れる。これに対して各国は法人税率引き下げ競争を展開して、本社が逃げていくのを防ぎ、外国の会社の本社を引っ張り込もうとする。だから法人税はますます下がる。こうして所得のある所に大減税を行う結果、税収は減る。財政赤字は増大し、支出を賄うために必然的に国債発行は増大するという結果になる。これを少しでも減らすために、直接税である所得税と法人税の代わりに間接税の増税を行う。日本では消費税、外国では付加価値税とか売上税とか呼ぶ。もちろんそれだけでは足りない。新自由主義では政権の維持が基本である。経済の中で広がるサービス化、単純労働化、非正規雇用化、パート労働化は貧困の母である。こうした資本主義経済の傾向の被害者に対するバラ撒きは、選挙に勝つために絶対に必要である。こうした騙しの手口をポピュリズム（populism 大衆のご機嫌取り政策）と呼ぶ。こうして小さい政府のはずなのに財政赤字は減らず、国債発行は増えるばかりになる。このように新自由主義の「小さい政府」政策と、マネタリストのベースマネー増大政策は、国債発行と国債買いオペで密接に結びついている。

なお付記しておくと、こうしてベースマネーの増強と国債発行―財政支出は結びついているのであるが、ともかくも財政支出は実行されると、政府の取引銀行である中央銀行の政府口座から、市中銀行の口座に残高が移動する。そして、それと同時に政府が支払った先、例えば護衛艦の建造代金は造船会社の、市中銀行の預金口座に入金される。つまり簿記的には、中央銀行の預金口座の上では政府預金が減り、市中銀行預金が増える。そして、市中銀行の預金口座の上では、中央銀行からお金がやってきたわけでいま言った通り中央銀行への預金（市中銀行にとって資産）が増え、そのお金は造船会社のものだから、造船会社の預金口座（市中銀行にとっては負債）が増える。そして、こういう形で商品流通の世界、一国の経済の中のマネーの量が増える。しかし、経済が停滞していると、市中銀行は中央銀行への準備預金が増えたのをもとにして、貸し出しを増やしたいのであるが、増えない。景気が良くないから、誰も借りに来ないからである。造船会社も市中銀行への預金が増えたからといって、投資を増やそうとはしない。つまり資本の価値増殖運動は活発にはならない。そうなるためには、輸出が目覚ましく増加するなど、現実の需要の増大が出現することが必要である。そうならないと企業の預金と市中銀行の中央銀行への準備預金が増えるだけである。つまり財政支出の増大は、投資の増大、景気の上昇の原因にはならないで、金融機構の中にお金が溜まるだけという結果になる。

8　金融化(1)——金融と金融機構の説明

◆資本主義経済の中での金融の役割

資本主義の基本は資本家と労働者という生産関係の下で、商品の生産が行われることであるが、その商品は等価交換される。しかし、商品の交換が盛んになるにつれ、商品が売り手から買い手に渡っても、すぐには同じ価値の商品または貨幣が買い手から売り手の方に動かない、つまり商品を売ってもすぐには対価が支払われない、掛け売りが出てくる。これが難しい言葉で言うと商業信用である。さらに貨幣が貸し手から借り手の手に渡って、一定期間返ってこないという、貨幣の貸借が出てくる。難しく言うと貨幣信用である。

貨幣信用の目的は、初めは消費のためであるが、資本主義経済になってからは、資本の増殖運動のために借りるのが主になる。そして、増殖した分の一部が利子として貸し手に支払われる。期限が来たら元本の貨幣も返済される。

貸し手の手元にあった貨幣は、一度手放された後、一定期間後利子の分だけ増殖して戻って来たのだから、資本の働きをしたわけでこれを「利子生み資本」という。貸した先で生産活動を行い、資本の増殖運動を行って増えた分の一部を頂戴するわけである。

一般に商業信用も貨幣信用も含む広い概念として、マルクス経済学では「信用」と言う。また、一般的にはお金の貸し借りという行為とそれが行なわれる機構、つまり貨幣信用とその機構のことを金融と呼ぶ。資本主義経済の機構の中では金融は銀行の仕事である。元々は信用も金融も、外国語では credit（英語）、der Kredit（独語）で、一緒だと筆者には思われる。しかし、そのほかに finance, die Finanz というのもあり、金融資本は das Finanzkapital であって Kreditkapital とは言わない。

このように金融については色々な言い方があって、どうでもよいことのようにも思えるのであるが、本章の表題である「金融化」という言葉になると、ちょっと問題がある。筆者は以前２００８年４月に、大槻久志の筆名で『金融化の災い』という本を新日本出版社から出したが、そこで筆者が言わんとしたことは、銀行が本来の金融の業務でやることが段々少なくなってきたものだから、株式や不動産の投機資金の貸し出しにのめりこむという、本来銀行としてはやってはいけない業務に手を染めたこと、「証券化」という本来ならまともな金融業務であるはずのものを、不動産ローンの中で非常に不良なものを、他の通常なものや、中には優良なものも混ぜて、全体としては支払い不能になるリスク（危険）の低い、優良な投資対象になったとして広範囲に売りさばいたこと、それによって住宅ローンも借り易く、また、貸し易くなって住宅建築を促進し、さらに中古住宅価格を上昇させてこの住宅ローンのブームを促進させたこと、などを明らかにしようとしたことであった。

これが「リーマン危機」とか、「サブプライム危機」などと呼ばれる、大規模な世界的金融恐慌に発展したのであるが、その爆発の原因の究明の中から、アメリカの金融機関が余りにも巨額の利益を獲得していたことが判明した。問題はこれをどう見るかである。筆者が疑問を感じたのは、多くの論者が、これをアメリカの金融の巨大さ、強力さと解すると同時に、アメリカの資本主義経済の資本蓄積の場の中心が、生産を離れ、むしろ無縁となり、金融投機によるものが中心になっていること、恐慌が純粋に金融投機による恐慌であって、産業資本の過剰生産、過剰設備、そして、その結果としての過剰生産恐慌との関連は薄くなっていると考えているように思われることであった。

筆者はこの「リーマン危機」、「サブプライム危機」をアメリカの金融が強大となり、それ故に凶暴さを増したものとは感じない。大規模ではあったが「百年に一度」というほどの強烈な性格を持ったものとも感じない。目新しい現象としては、「金融工学」と称して、投資対象のリスクを分かり難くするテクニックが用いられたことがあるが、最も注目すべきこととしては巨額の投資資金の調達手段として短期金融市場証券が用いられたことを筆者は上げたい。こうした見地から、ここでは資本主義経済の成立とともに出来た金融の機構が、資本主義の発展とともにどう変わって来たか、そして、20世紀後半から21世紀初頭にかけてどういう構造になって来たか、金融恐慌はどんな現れ方をするようになったかを説明しようと思う。

◆金融機構が出来上がる

信用と言おうが金融と言おうがどちらでもかまわないが、資本主義経済の発展とともに金融も発展し、その機構も複雑化してきた。その発展は商品の流通に絡む商業信用から始まった。始めは単なる掛け売り、掛買いであったが、そのうちに掛けで買った方が「一定の期日後に一定の場所で（具体的にはある決まった銀行の、特定の預金口座で）払います、という証文」である約束手形を作成して売り手に貨幣の代わりに渡すようになった。そして、買い手がある程度手広く商売をしている商人の場合だと、その商人は方々の取引先に掛けで商品を売ってまだ代金を受け取っていない「売掛債権」を持っている。その場合だと手形の上の支払人として、自分ではなく、売掛債権を持っている取引先の名前を書く。自分の買掛の債務と、売掛の債権を差し引きにしようというわけである。この手形を為替手形という。為替手形を受け取った売り手はそれを手形上で支払人として指名されている人に提示して、「はい。私が支払います」という承諾を得なければならない。これを為替手形の「引き受け」という。証券業者が、証券の売りさばきを請け負った時、売れ残りは自分が全部背負いこみます、という約束をする「引き受け」と間違えないようにしなければならない。引き受けを拒絶されたら手形を振り出した者、つまり商品の買い手が支払わなければならない。こうして資本主義生産の社会は、商品の生産と流通の社会であるが、同時に手形が行き交い、流通する社会でもある。

ここまでは商業信用の社会であるが、この手形を銀行が、手形の支払期日までの利子を差し引いた値段で買い取ると（これを手形の割引という）、商業信用の世界から貨幣信用の世界、金融の世界に入ることになる。銀行は割り引いた日から、手形の支払期日まで貨幣を貸し付けたことになるからである。それに普通の銀行貸し付け（借用証書を入れるから証書貸し付けという）だと、元金の返済とは別に利子を取り立てるが、手形割引の場合だと、手形を買い取った値段と手形の満期日に支払われる手形の金額の差が利子になる。ともかく銀行はお金を貸して利子を取るのが基本的な営業収益で、この手形割引と先に述べた証書貸し付けが基本的な営業形態である。

そして、この貨幣信用は、貨幣を一国の経済に対して供給する業務でもある。手形割引にせよ、証書貸し付けにせよ、銀行が顧客の預金口座に記入する金額は、どこから来たものでもなく、預金口座に記入された瞬間に創造されたものだからである（もちろん、そういった魔法が出来るのは、預金残高から中央銀行券を引き出すと言われても、あるいは残高の一部がほかの銀行に移されることになっても、それに応じて決済できるだけの残高が、中央銀行の当座預金口座にあるからである）。

そして、手形の支払期日が来たら、前に説明したように手形の支払い場所に手形を送って貨幣を請求する。支払い場所とは、これも前に言ったように支払う企業、為替手形を引き受けた企業の取引銀行の預金口座のことである。支払い場所とされた銀行は請求してきた銀行に貨幣を支払わなくてはならないが、これも前に説明したように現金を輸送したりはしない。中央銀行の当座預金残高の付け替えで済ます。請求する手形も各銀行のものを一ヵ所に集めて、お互いに請求したり、されたりするのを差し引き計算して中央銀行の口座での付け替え作業につなげる。この手形を一ヵ所に集めるところを手形交換所という。これが市中銀行と中央銀行が一体になって行う決済業務である。現代では紙切れを持ち寄ったり計算したりするのではなく、通信も計算もすべて電子的に処理されている。

こうした業務、貨幣を受け入れる預金業務、貨幣を供給する貸し出し業務、そして決済業務の３つが、銀行の基本的な業務であり、また、一国の経済の中における金融の機能そのものであり、金融機構が具体的にワークする場所である。序に付け加えると、こうした業務を遂行している間に、個々の銀行の中央銀行準備預金は増えたり減ったりするが、それに備えて銀行同士が、そして中央銀行もそれに加わって、短期に貨幣を、具体的には中央銀行当座預金残高を貸し借りするのが短期金融市場である。短期金融市場は金融機構の重要な構成要素である。

◆必要なお金が巨額になった

資本主義経済が円滑に回っていくために金融機構はなくてはならない存在である。そして、銀行と企業との取引の場は、もちろん大都市であることが多いけれども、事業会社は事業の性質によって方々に分散しているから、必ずしも一ヵ所に集中しているとは限らない。これに対して銀行と銀行、銀行と中央銀行の取引は一ヵ所に集中する。歴史的に手形を使うことが早くから発達したイギリスでは特にそうであった。たくさんの企業に手形を割り引いてお金を貸している銀行は、手形交換で他の銀行に支払うことになることも多く、中央銀行当座預金の残高が減ってしまうこともある。そんな時、短期金融市場の仲介業者である手形割引業者（ビルブローカーという）に、企業から割り引いた手形を売却する。手形割引業者はその手形を、中央銀行当座預金残高に余裕がある銀行に売る。余裕のある銀行が少ない時は金利が上昇するので、中央銀行がそれを嫌う時は中央銀行が手形割引業者に資金を貸して市場に資金を流し込み、どこかの銀行がそれを借りて売りに出た手形を買うなどして取引を円滑にする。

これが前に説明した短期金融市場の機能であるが、こういったわけで市中銀行と手形割引業者など仲介業者は中央銀行の近くに本店など営業拠点を構えておいた方が都合がよい。ヨーロッパでは昔から国王や政府にお金、とりわけ戦争をする資金を貸して地位を築いてきたという歴史があり、金融業者は元々政治権力に近いのであるが、それに引き続いて近代の資本主義の世の中になると、大蔵省とか財務省、それに中央銀行の近所に、銀行と手形割引業者などの店舗が集まって金融街が出来ることが多い。有名なのはロンドンのシティであるが、近年は建築の関係で多少移動、分散した。アメリカでは言うまでもなくウオール街であるが、建物の関係で分散したのはロンドンと同じである。日本では幕府の金座と上方からやって来た三井の本拠があった関係で、日本橋の本石町から室町にかけてと、明治維新政府から土地をもらった三菱の本拠である丸の内に分かれていた傾向があるが、現在では日本銀行と日本のビルブローカーである短資会社は日本橋、銀行と証券会社は丸の内から大手町に二分されている形である。

ところが、19世紀後半以降、こうした金融機構は、以前からの機能にもう一つの機能が加わって、いわば二重構造になった。その原因はお金の貸し借りの有様が変わったからである。どう変わったかと言うと、金額が大変巨額になったことと、借りてから返済されるまでの期間が長期になったことである。どうしてそうなったかと言うと、その原因は前に産業構造の所で説明した、19世紀にヨーロッパとアメリカで進行した産業の重化学工業化とエネルギーに電力が加わったためである。

産業が重化学工業化する前の産業は主として消費財産業で、繊維、食品、雑貨などであった。そして、その中で代表的な近代工業と言えば、綿紡績業である。綿紡績企業も激しい競争の結果集中が進み、独占的大企業が生まれた。しかし、これを生産力的側面から見ると、確かに大紡績企業の工場は錘数からいうと何十万錘あるいは百万錘を持った大規模な工場もあったかもしれないが、一つ一つの紡錘は小さなものである。したがって、大規模な工場が整理、閉鎖された時でも、紡績機はバラされて中古市場に出回り、中小の紡績企業に流れたり、新しい中小紡績企業が生まれたりした。したがって、なかなか集中が進まないという性格があった。

ところが、19世紀に発達した高炉による鉄鋼業、20世紀前半に発達した電力産業、後半に発達した石油精製・石油化学工業は、一つ一つの設備が巨大である。鉄鋼の場合高炉だけをとっても建屋などには入らない巨大さであるのに、高炉だけでは製鉄所にならない。30万トン、50万トンのバラ積み船が接岸できる港湾設備から始まって、広大な鉄鉱石、原料炭のヤード、コークス炉、高炉、転炉、連鋳または分塊圧延工場、ストリップ・ミルその他の鋼材圧延工場という、一連の有機的連関を持った工場群で一つの製鉄所を構成する。そして、製鉄所を一つ作れば近くに発電所を一つ作らなければならない。電力だけでなく水も大量に消費する。

19世紀から20世紀にかけて進行した産業構造の重化学工業化の一つの到達点として現代の巨大製鉄所について説明したが、これほどまでに大規模でなくても、重化学工業の規模は産業革命によって誕生し、発展した紡績業ほかの諸産業に比べて桁違いの大きさを持った巨大装置産業であった。したがって、その建設に要する資金は、それまでの設備投資に比べてこれまた桁違いに巨額である。そして投資した貨幣が、設備を動かして製品を作り、販売されて貨幣として還流するのにも、恐ろしく年数が掛かることになったのであった。

◆投下した資本は回収に長期間を要するようになった

一般に工場の建設費、機械設備の購入・据え付け費用など、設備投資の費用は、その年の製品の製造原価に全部は入れない。機械は何年も持つからである。労働力の購入費用である支払賃金や原材料費などは、その年に作った製品の製造費用だからその年の製品の売上高から全部差し引いて、損益計算を行い、利益または損失を計算する。しかし、工場の建設費、機械の買い入れ代金は、その年の損益の計算に全部入れようとすると、先ほど示したように、金額が大きいからそれだけで全売上金額を上回ってしまうようなことになる。

会計上どうするかと言うと、仮に1億円の機械を10台買ったとすると帳簿では銀行預金という資産が10億円減り、機械設備という資産が10億円ふえたと記帳する。さて、決算の期末に損益計算する時、先に述べたように機械の購入費用10億円全部をその年に売り上げた製品の製造コストに計上しない。その機械が10年持つなら、機械の価値が今年1年で10分の1減ったと考えて、1台につき1000万円、10台で1億円価値が減ったとしてその年の費用に計上する。そして、帳簿の機械設備という資産の科目に記載されている10億円から1億円減らし、損益計算の費用、つまり製品の売上高から差し引く費用として「減価償却費」1億円を計上する。

この機械の費用としての貨幣はとっくに出ていっているわけであるが、その代わりに機械設備という資産が同額だけ増加したと帳簿に記載されている。そして、その中から１億円だけ機械の価値が減ったとして今年の費用として計上されている。ところが貨幣はその年には出ていっていない。その年の売上高が仮に１００億円とすると１００億円貨幣が入って来たわけであるが、費用として計上された減価償却費１億円はその年に出ていった貨幣ではないから、決算の後１億円の貨幣が手元に残るわけである。

もちろん現実には、この貨幣１億円は企業の手許現金としてほかの貨幣と一緒になっている。お金に色はついていないから、他の貨幣と区別はつかず、たぶん一緒に銀行の預金口座の一部分として銀行に行っている。そして、現代の停滞した経済と異なり、産業構造の重化学工業化が進行していた時代には、企業のこの手許現金は激しく動くから、たちまち何かの支出として出ていっているだろう。ここで気を付けなければいけないのは、こうして減価償却費として計上された金額は、手元に残るのだから、この例だと毎年１億円だけ、５年経てば５億円、１０年経てば１０億円、企業の資本の価値増殖運動からそれて、蓄蔵貨幣として溜まっていくという考えが広まっていることである。その通りだと一国の資本主義経済全体では大変な金額になる。

この計算は、いま説明したように企業は減価償却した分の貨幣を現金のまま、大事にのけておくという馬鹿げたことは決してしないというだけで間違っていることが分かるが、それ以上に、企業は機械設備は耐用年数が経過して、機械がボロボロになるまで更新しないという前提条件がない限り成り立たないということである。機械設備は年々摩耗し段々ガタが来る。そのため企業は機械設備の保守のため、年々多額の修理費を投じているが、それとともに毎年一部ずつ更新して、機械の平均年齢を若く保つようにしている。貨幣を大事に蓄蔵していたら、ある年に多数の機械がみんなボロボロになり、ガタが来て不良品ばかり作るようになる。製品の歩留まり率が下がらないようにすることは、企業経営の死活に関する重要問題である。新聞報道によれば、日本の工場の機械の平均年齢は6歳を上回っているようで、先進資本主義国の平均より年を取っているようである。

このことはともかく、産業構造が重化学工業化し、巨大な設備を備えるようになると、投下資本の額が桁違いに大きくなる上に、一旦設備費用として出ていった貨幣が、再び手元に還流してくるのに長期間が必要になった。ということは、もし建設費、設備投資費を借り入れで賄う場合は、長期間返済できないということになる。それを避けようとすれば、借りないで自己資金で賄うためには、企業自身が初めから巨額の資本金を集めた大企業としてスタートするか、また、資金を供給する金融機関も、銀行なら巨額の預金を集め、保険会社ならたくさんの保険料を集積して、少々の額の貨幣が貸出先からなかなか戻ってこなくても困らないだけの巨大な金融機関になるなど、色々な問題を解く必要がある。しかしその前に、このように必要な資金が巨額になると、どうしてそれまでの金融機構ではうまく対応できなかったかについて、少し考えてみることにしよう。

◆それまでの金融機構では対応できないわけ

これまでも説明して来たことだが、金融機関の中心は銀行である。しかし、銀行が取引顧客の商品売買の支払い決済を行い、貸付によって預金という貨幣を供給できるのは、中央銀行とそれを補完する短期金融市場によって支払い準備の補給が出来るからである。決済にあたって準備金すなわち中央銀行の当座預金口座の残高が不足しそうになったら、すぐにも借りることが出来るから、それを基礎にして信用創造＝貸し付けによって取引先企業の当座預金残高を増やすことが出来る。

だが、この体制では長期の巨額のお金の借り入れ需要に応えることは出来ない。どうしてかと言うことを具体的に理解していただくために、巨額になった企業の貨幣需要をみたす手段として、銀行が今まで同様、しかし金額はこれまでとは桁違いに巨額の信用創造を行ったとしよう。

取引先企業の預金残高に補給された預金は色々なものに投資され、商品を買い付けるのに使われて、どんどん出ていく。この中から通常かなりのものが他の銀行の取引先企業に支払われる。通常支払いは小切手か手形で支払われることが多いから、それは受け取った企業によって他の銀行に入金され、それは前に説明した手形交換を通じてこちらの銀行に請求され、支払われなければならない。それは中央銀行の当座預金口座の上で決済される。その金額がこれまでとは桁違いに大きくなり、残高が不足する危険が出て来る。

こう言った取引は毎日企業の間、銀行の間で盛んにおこなわれているわけで、出ていったお金も通常はすぐ戻ってくる。企業にとっては買った商品の代金を支払うだけでなく、こちらの製品の販売代金として還流してくるものもあるわけで、こちらの銀行預金残高が補強されるだけでなく、取引銀行にとっては中央銀行の準備預金残高も補強されるわけである。

ところが、銀行から資金を借りて大きな設備投資をした企業は、投資として支払ったお金が還流してくる迄の時間が、非常に長くなったわけである。金額も大きい。通常なら戻ってきたお金はいま言ったように銀行預金口座に入金され、中央銀行当座預金口座も補強されるわけであるが、設備が巨大になり、投下資金が巨額になると、工場を建ててから建設資金が製品販売代金として戻って来るまで、10年、20年とかかる。だから建設資金を貸した銀行も、中央銀行準備預金残高が、中々回復できないことになる。銀行にとって中央銀行口座残高が潤沢でなくなると、短期金融市場に依存し勝ちになるが、短期金融市場の「短期」は、前に説明したように非常に短い。なかなか帰ってこない設備資金の余波を受けて苦しくなった資金繰りを、1日か2日で返さなければならない超短期の借り入れで賄うということは出来ることではない。そうかといって中央銀行準備預金の不足は放置できない。残高が不足すると銀行間の決済で支払い不能が起こり、金融恐慌が起こりかねない。

こういった資金の需給における条件の変化に対応するためには、資金の借り手、つまり重化学工業企業自身が大きな資金を持つか、資金の貸し手、金融側が巨大な資金を持つようになって、企業に用立てたお金がなかなか戻ってこなくても資金繰りに困らないとか、いろいろな所からお金を集めて大きな金額にまとめ、企業に提供してくれる仲介業者が出て来る、などの色々な方法が考えられる。そういうことで新しい金融機構、資本市場が19世紀に形成されることになる。21世紀の現在、「金融化」と言われているものは、以上の理由から19世紀に形成された資本市場の構造と機能が、さらに100年後もう一回、20世紀の最後の4分の1世紀になって、激しい変貌、変質を見せるのを指すものであるが、それを説明する前にここではまず19世紀に形成された資本市場の基本的な構造と機能を解説しておく。そうしなければ、何がどう変わったのかはっきりしないからである。

◆株式会社と証券

前節で19世紀後半になって巨額の貨幣が長い年月の回転期間で運動するようになったことを述べた。元々中央銀行と市中銀行で生み出され、取引されるお金をマネーと言い、中央銀行に預けられた当座預金残高に、市中銀行から引き出されて流通している銀行券と硬貨を足してベースマネーということはこれまでに説明した。ここで序に説明して置くが、銀行券が流通しているといっても、それは銀行券が発行元の中央銀行を離れ、さらに市中銀行からも引き出されている、というだけで、実は税金逃れのためや、犯罪組織の資金で、銀行に置いておくわけに行かないお金であることが多いと言われている。日常の買い物に使うために銀行から引き出され、個人が買い物に使うにしてはあまりにも多額の銀行券が発行されているからである。また、小口の買い物に使うにしては、高額面の紙幣が多いと言われている。この疑惑に比べれば、日本のタンス預金など物の数ではない。アメリカのドル紙幣も、アメリカ国内よりも外国にある方が多いと言われている。外国で出版された本によると、実際にある場所としては、ヨーロッパでは銀行の地下金庫が多いそうである。

さて、このマネーの中で、長期の貸借や投資の形で取引されるお金を、アメリカやヨーロッパで金融用語としてキャピタルという。日本語で言えば資本であるが、マルクス経済学では貨幣のままでじっとしていないで、価値増殖運動、労働力や生産手段などに姿を変える姿態変換運動をしている価値あるいは貨幣のことを資本と言い、会計学では企業の借方資産の部の総合計から、貸方の借入金や支払わなければならないお金でまだ支払っていないものなどの、負債の合計額を差し引いたもの、つまり単なる計算上のものを広義の資本という。預金の残高をバランスというようにそれを負債の合計額に足せば、借方資産の部の合計額と同額になる。つまりバランスする。英語で言えば equity である。自己資本である。この中で株式会社の場合、株式を発行して払い込まれた金額のうち、資本金に参入することとされた金額（つまり払い込まれた金額の全額ではない。残りは剰余金として広義の資本として処理される）を資本金という。資本金は広義の資本、すなわち自己資本、equity の一部である。自己資本、つまり資本金に準備金などを足した広義の資本を株主勘定ともいう。貸借対照表の左側の資産の部に列記してある会社の財産のうち、この分（貸方資本及び負債の部の中での割合）の所有権は株主にあります、という意味である。前にも説明したように、現実の資本、価値増殖運動をしている資本は具体的な色々な姿として借方資産の部に書いてあり、貸方の負債及び資本の部の色々な科目は、借方の資産の内どれだけが株主のもので、どれだけが債権者のものだと言う割合、内容の説明が書いてある。だから貸方に記載してある科目の金額について、ここにこれだけお金が余っているから、これを処分しようとか、分配しろなどと議論するのは、現実の経済と、会計学及び会社法についての無知をさらけ出すものに他ならない。貸借対照表の右側にある数字は、左側の資産の部、現実に運動している資本について、所有関係などの割合などを示すもので、まったく抽象的なものであり、実在するあるものを示すものではない。

また、誤解を避けるために説明して置くが、資本、キャピタルといっても、ほかのお金、マネーと別に存在しているわけではない。存在している場所は、貨幣として、銀行の預金口座の上である。但し、その預金者が生命保険会社とか、年金基金とか、いろいろなファンドなどの長期投資家で、いつでも長期に貸すつもりで銀行においている預金である。あるいは短期金融市場に出ていき、政府短期証券など、短期で信用のあるものに投資されているかもしれない。そして工場を建て、設備投資をするために資本を調達する借り手が現れると、それは借り手の銀行預金残高に移行する。預金残高つまりマネーを、キャピタルとして、長期の契約で借りるということである。具体的には、貸付の場合は簡単だが、社債など証券発行などによる時は、いくつもの手続き、何度かの口座間の移動の後、借り手の事業会社の当座預金口座に移動するという風に手間がかかる。そして、銀行の手形割引や短期貸し付けの時と違って、長期間貸し手の口座には戻らない。

さて、いま説明したのは、貸し手がキャピタルをたくさん持っている生命保険会社のような大貨幣集積機関の場合である。貨幣集積機関については前にも説明したが、生命保険会社とか、年金基金、投資信託などのように、やっている事業の性質上貨幣が溜まる機関とか、投資信託のように貨幣を集めることが事業上まず第一の仕事である機関のことである。前にも引用したがここでもう一度おさらいすることにしよう。

マルクスはこのことを『資本論』第Ⅲ巻、第5編、第32章で書いている。マルクスはそこで、「貸付資本の集積」と表現しており、「単に、貨幣が貸付可能な貨幣として沈殿するということである」と書いている。そして、貨幣が溜まる原因としていくつか挙げて、「最後にまた一部は現実の蓄積の停滞の結果でさえもありうる」と書いている。つまり貨幣がどこかに溜まっているからといって、それは必ずしも儲かった結果であるとは限らないということを注意しているわけである。

ここで少々先走りして書くことにすると、20世紀後半から21世紀にかけて、このキャピタル、貨幣集積機関の集積と運用、投資に変化が起こる。資本の蓄積運動の規模はますます大きくなり、したがって、貨幣として還流してくる量も大きくなる。しかしその割に、キャピタルの需要は大きくならないという現象が現れたのである。多くの国で、成長期のように鉄鋼や電力を代表として巨額の資本を必要とする、重化学工業の設備投資が減ったから、つまり先ほど紹介したマルクスの言葉の、「現実の蓄積の停滞」が広がったからである。そして、あまり大きな設備が要らないサービス業の比重が高くなったからである。だから貨幣はますます溜まり、貨幣集積機関はいよいよ巨大化するのであるが、その「資本」を設備投資資金として借りようという資金需要は大きくならない。そこで資本を余らせた貨幣集積機関が、運用先を求めて色々な問題を引き起こすのが21世紀の金融化問題である。

しかし、重化学工業化が進展していた19世紀には、まだ巨額の資本を持った貨幣集積機関は成長しておらず、まず借り手がたくさんの貨幣を集め、大きな資本を動かすことが出来る経営体に変わった。それが株式会社である。株式会社は複数の人の資本を併せて一つの大きな資本として活動する合《がっ》本《ぽん》企《き》業《ぎょう》の代表的なものである。近世になって、大航海時代以後ビジネスの規模が大きくなり、地理的な範囲も広がった結果それまでに比べて必要な資本の額が大きくなり、回収されるまでの期間も長くなった。だから個人企業ではもう無理で、何人かの資本を併せて合本企業を作ったのである。

合本企業で一番問題になるのは、会社に対する債権者との関係である。お金を借りている金融機関、機械設備や原材料、商業の場合なら仕入れた商品の代金をまだ支払っていない取引先など、会社には債権者がたくさんいる。会社が破綻して債権者に支払えなくなった時、誰が債権者に対して責任を取るかで、会社の性格が変わる。重要なことは、資本を出し合って会社を作った合本企業の出資者が、債権者に対して個人の財産までも提供して債務を弁済しなくてはならないという「無限責任」か、債務の弁済責任は会社に出資した金額までで、個人財産までも投げ出さなくてもよいという「有限責任」であるかである。

合本企業の種類については省略するが、一つの会社の社員（出資したメンバーのことで、従業員ではない）でも無限責任社員と、有限責任社員とが両方いるのが普通である。アメリカではこうした企業体はパートナーシップ（partnership）と言い、無限責任で会社の社長のゼネラル・パートナー（general partner）と、有限責任の普通のパートナー（limited partner）とがいる。単なるパートナーでも役員で、従業員よりはもちろん上である。日本では、パートナーシップにあたるのは組合である。

合本企業の中で代表的なのが言うまでもなく株式会社である。株式会社は株式を発行してそれを買った人の貨幣を併せて資本金とし、ほかに銀行から借りた貨幣も合わせるなどして資本の増殖運動を行う。株式を買って貨幣を提供した人を株主という。株主は全員有限責任である。会社が破綻した時、失うものは株式を買った代金だけである。株式とはそもそもなんだ、という疑問もあるが、法律書によれば「株式とは株式会社における株主としての地位である。」という分かったようでよく分からないことが書いてある。株式を「発行する」というのは、株式を買った人が提供した貨幣に対して、「株主としての地位を持っている人だという証拠として紙券を発行した」からである。昔は株式を始めとして証券というものは権利を表す紙券、あるいは権利が紙券に化体したもの、という考えであったから、「発行」という言葉が使われたわけである。そして、株式を売るときは、株券を手渡すことによって株式の譲渡が完成したことになるとされた。現代では株主であることの証明も、その地位の移転つまり売買の記録も、すべて電子化されているから、紙券は存在しない。但し、それは発行した企業が公開会社、つまり証券取引所に上場されている場合で、株式会社そのものは公開会社以外に無数にあるから、非公開会社の場合は紙券としての株券を発行したり、あるいは株券不発行の制度にするかであろう。

株式会社の性格の中で重要なものは、株式が譲渡自由ということである。ある権利が証券になっているということは、その権利が譲渡自由、言い換えれば債務者に断りなしで、いつでも、勝手に誰にでも譲渡出来ると言うことであるから、株式は証券である、といっても同じことである。証券にした理由は、いつでも売れて、投資した貨幣をいつでも回収できると言う安心感から買いやすいということで、恐らく株式会社という企業形態が普及した最大の理由であろう。そして副産物として、資本の集中が進行した最大の原因でもあると思われる。また、あとで述べるように現代経済の金融化現象の一つとして、株式を売買するというより、会社全体を売買することが日常茶飯事の如く行なわれるようになったことの原因の一つでもあろう。譲渡自由ということは、どんなに巨額のものでも、金さえあれば売買出来るということで、問題は金だけであったということだから、その金が巨額に余って困っているという21世紀では、巨大企業の売買はあって当然のことである。

◆資本市場の構造

右に述べたのは、株式を発行するという手段で、長期に使えるお金、すなわちキャピタルを集める方法である。そして、そのようにして会社に貨幣を提供した人（自然人もあれば法人もある）の、会社に対する外部の債権者、例えば会社にお金を貸している銀行に対する責任は有限責任である。会社が債務を返済できなくなって破綻した時、所有している株式の購入金額だけ損をすれば、それ以上の責任はない。

この株主と会社との関係は、先に「株式とは株主の会社における地位」という学説のことを紹介したが、先にも書いたようにこの「地位」とは何だということになる。普通は、株主は発行株数分の所有株数の比率だけ、会社の所有者だという説明がよく行われているが、法律学の分野では、いろいろな説があるようである。だがこの際重要なことではないと思われるので、これ以上穿鑿《せんさく》しない。

株式が会社に対する所有に関することであるのに対して、株式会社の借金にあたるのが、社債である。社債も以前は証券として紙券を発行していたので、「発行」という言葉を使うが、社債の発行という形で、大口の借金が出来るのは、株式会社だけである。その理由を説明して置く。これまで述べて来たように、投資金額が巨額になって、たくさんの投資家からお金を集めなければならなくなったための工夫が、株式や社債などの証券の発行である。社債は何年あるいは何十年という長期の、株式は無期限の、他人からのお金集めの方法である。だから社債は一つの企業が不特定多数の債権者から借りている借金であるが、仮に企業が支払い不能になった時には、債権者対債務者の交渉が、あちらこちらと無数に散らばって、ときには世界中に分散して、行われなければならなくなったら大変である。また、企業は社債という債務に対して土地、建物、機械設備などを担保として提供しているが、それに対する権利を持っている債権者は多数で、しかも方々に、時には地球上に散らばっている。個々の債権者にとって、長年月にわたって債権、担保権を管理するのは大変である。

このように一対多数の債権・債務関係で大変なことになる。まず第一に借りる側がきちんとしていなければならない。その点で株式会社は法人企業で最も監督規定が厳しく詳細である。また、多数の分散した債権者の集団がここの債権、担保権を管理することは事実上不可能である。したがって、債権者の集団に代わって債権と担保を管理し発行会社を監視する仕事を引き受ける管理会社や担保の受託会社（銀行や信託会社がなる）が置かれなければならない。

以上のように、長期・巨額のキャピタルを調達し、提供するための機構が段々出来ていくわけであるが、これまで説明したところだけでも、株式会社、株主、社債権者、債権の管理会社や担保の受託会社という新しい金融機構、言い換えれば資本市場の構成要素が登場した。しかし、その前に資本を必要とする企業と、資本を供給する投資家、言い換えれば、株主と社債権者の候補者を見付け出し、結び付ける金融業者がいて、資本の市場を構成しているのであるから、それについて説明して置くことが必要である。

近世のヨーロッパでまず長期でまとまってお金を調達する必要に迫られたのは王侯貴族である。近世のヨーロッパは王侯貴族が戦争を繰り返して段々と国民国家を形成して行ったのであるが、戦争するためには言うまでもなくお金が必要であった。その用途は何かといえば傭兵を雇う資金であった。つまり、当時の戦争は全部とは言わないが、傭兵を使って行われたのである。傭兵の供給地は、スイスや北欧が主たるものであったと思われる。そして、そのお金の貸し手は、フランクフルトに多数住んでいたユダヤ人の中の大金持ち、ジャーマン・ジュウと呼ばれた金融業者達であった。フランクフルトは、現在でも大陸ヨーロッパ随一の金融中心地であるが、近世から既に金融の中心地であったわけである。

この中の有力業者ロスチャイルド、ドイツであるからロートシルト（Rotschild　赤い盾の意。言わば赤盾屋である）はナポレオン戦争から避難してロンドンに逃れていたが、戦況不利と見られたイギリスの国債に投資して巨利を得たと言われており、ロンドン・ロスチャイルド（ロスチャイルドはフランクフルトの外にウイーン、パリ、ナポリにも浸出していた）として、イギリスの勝利とともに世界の金融中心地となったロンドンの金融業者の中核業者になった。ロンドン、パリともロスチャイルド家は貴族に列せられている。イギリスは前に説明したように銀行制度、中央銀行と短期金融市場による貨幣制度の世界最先進地であるが、資本市場としても世界の中心となった。株式、社債、外国の国債や州債など、世界中の資本の需要者と接触を保ち、資金計画の相談を受け、証券の発行計画を立て、発行された証券を引受け、売りさばく金融業者（大口の資金を専門に扱うので金融の卸売業者と言われる）をロンドンではマーチャント・バンクと呼ぶ。イギリスではロスチャイルド家を始めとしてマーチャント・バンク業者の社会的地位は大変高く、特権階級の一部を構成している。こうした資本の調達を引き受ける金融の卸売業者に対して、取引所で売買される株式や国債、社債などの売買を代理人として行なうのがブローカーである。ストックブローカー（stock broker）と言ってもよい。イギリスでは証券に投資するのは金持ちなので、証券投資はリッチマンの投資 richman's investment と言われた。そして、スコットランドから投資信託が現れ、世界中に広がり、発展した。

資本主義経済の中心がイギリスからアメリカに移動したのに伴って、世界の金融中心地もロンドンのシティーから、ニューヨークのウオール街に移動したことは前に述べた通りである。アメリカの金融卸売業者は、モルガンらの州法銀行であったことは前に述べたが、それらはロンドンのマーチャント・バンクに対してインベストメント・バンカー、投資銀行業者と呼ばれたが、２００８年のリーマン金融恐慌の処理に際してアメリカ政府は、救済の方法として財政資金を資本金の補強に充て、連邦準備の資金を資金繰りに充てるとともに、ほとんど強制的に大投資銀行は大商業銀行に合併された。政府に押し付けられた大銀行は銀行の商号の後に投資銀行の商号をくっつけていたが、漸次投資銀行の商号の部分を外し、ゴールドマン・サックスを除いて投資銀行の名は、アメリカの資本市場から消え去りつつある。また、ドイツでは資本市場は発行に関する業務、取引所での売買業務ともにドイッチェ・バンクの独占状態であったが、同行が証券業務で巨額の損失を出し、実質上破綻状態になったので、ドイツでは金融の卸売業者は２１世紀の１０～２０年代に、極めて弱体化した状態である。また、ロンドンではビッグ・バンと称される２０世紀末の金融改革によって、シティーの卸売金融業者はほとんどすべて、銀行の傘下に入った。

◆ヒルファーディングへの疑問

以上がキャピタルマーケット、資本市場の歴史、そして構造と機能であるが、ロンドンと大陸ヨーロッパ、ヨーロッパとアメリカ、そして東京と、大陸や国が違うと、多少の違いはあるが、発行される証券の引き受けや分売（投資家に売りさばくこと）、それに伴う色々な契約など、大体においてウォール街のやり方が資本市場の世界を支配している。ただここで筆者が注意を喚起しておきたいと思うのは、１９世紀にドイツで形成された資本市場の構造である。これについてはヒルファーディングの「金融資本論」が余りにも有名で、ドイツの金融構造や金融資本という概念の理解に大きな影響を及ぼしているが、筆者はこれに違和感を覚える。

ヒルファーディングが、株式の発行を通じて銀行資本が産業資本となり、それを金融資本というと主張しているのは、結局株式の「買い取り引受け」で、ウオール街の用語で言えばpurchase contractである。ヒルファーディングは銀行が買い取った株式をそのまま保有し続けて、産業企業を支配し、銀行から供給された貨幣が産業資本に転化して資本の増殖運動をすると考え、そのように運動している資本を「金融資本」と名付けている。

しかし、筆者のこれまで研究してきた結果はこれと異なる。まず銀行は買い取った株式をそのまま保有せず、銀行の顧客に買い取ってもらう。これを「ハメ込む」という。英語で言えばプレイスする、プレイスメント（placement）で、ドイツではPlazierungで、銀行が証券会社でもあるドイツの銀行では、この業務Plazierungsgeschaeft日本語に訳せば「ハメ込み業務」で重要な業務である。ウオール街での表現では分売の一種としてのプレイスメントである。株式をそのまま持ち続けるということはない。だから銀行が産業資本に供給した資本は銀行に還流する。

株式を買い取った顧客（通常銀行の顧客である）はその株式を銀行に寄託する。そして、銀行は顧客のために株主総会で議決権を行使する。これを寄託議決権制度という。これが多くの日本の経済学者の間に誤解を生む原因になっていると思われるが、ドイツの株式会社の株式は無記名式だから、建前上会社は株主の名前を知らない。配当も届けようがないし、株主総会の書類も送りようがない。だから銀行からハメ込まれた投資家は株式を銀行に寄託し、銀行は会社と株主の仲立ちをするに過ぎない。総会ではＢＯ（beneficiary owner 実質株主）の意向を代弁する。

それと寄託を受ける銀行が問題である。ドイツの大企業、投資家である富豪は通常みんな支配下に銀行を持っている。これをハウスバンクという（die Hausbank）。先に言ったようにドイツではバンクは同時に証券会社である。大企業、大富豪の証券管理部門のようなものである。一般に欧米では企業の創業家が、巧みに資産を秘匿しながら企業に対して影響力を維持し続けていることが多いように思われる。ハウスバンクはそのためにも機能しているのかもしれない。

9　金融化(2)——現代の資本の市場の形成

◆資本市場が変わってきた

前章で述べたことは、金融化ということについての説明の、まだ前半である。金融化と一般に言われていることは、資本の増殖運動の中で、「労働者を使ってモノを作って、それを売って儲ける」という資本主義の基本的な運動をしている本体である資本が、本来の運動の形態である生産よりも、お金を貨幣の形のままで動かして利益を得るという方法を取っている方が大きくなったこと、その内容は貨幣を貸し付けて利子を得るという利子生み資本の運動という形を取ったり、資産投機つまり土地や株式、それから金属や穀物、原油などの商品を売買して、値上がり益、英語でキャピタル・ゲイン（capital gain）、を狙うという形での、貨幣の運動のさせ方を取ったりする方が主になって来たということ、である。

生産と消費が増大する、つまり経済が成長するよりも、それとは関係なく、貨幣の運動ばかり盛んになって、貨幣を動かしている者である金融機関や大富豪はますます巨大な利益を得る一方で、労働者はまったく関係がないから貧乏なままである。それどころか生産の方がおろそかになって、しかも資産投機は必ず破綻し、２００８年のように大金融恐慌が破裂して、労働者は失業し、街頭に投げ出される、ということになり、ひどい目に合う。貧富の格差はますます増大して、人類社会は進歩するどころか不安定化が進行し、社会不安が増大する。格差増大の被害者は自暴自棄になり易いからである。

それはともかく、経済活動の中で金融の占める比重が大きくなっただけではない。これまで資本主義経済が発展するにつれて、商品の取引と決済が盛んになり、それを扱う市中銀行と中央銀行とで構成される短期の金融機構が出来たこと、１９世紀になって長期の巨額の資金需要に応じて設立された株式会社と、さらにそれに資金を供給する貨幣資本の集積機関、それを仲介する投資銀行などで構成される資本市場が形成されたことについて説明して来た。ところがこの金融の機構、とりわけ資本市場が変化してきたのである。

◆お金が要らなくなってきた

変化は２０世紀に入って、お金が余り要らなくなると同時に、大量に溜まってくる、という一見不思議に見える現象として表れた。多くの経済学者は資本主義経済が変化し、停滞に入った時期として20世紀の1970~80年代を挙げる。あるいは「新自由主義」の所で説明したスタグフレーションの現象が現れてきた60年代が挙げられるかもしれない。

筆者はこれらの考え方にも十分な理由があると思うが、停滞と金融化を結び付けて考える時には、産業構造の変化と併せて考えることが重要と思う。これまでも説明して来たように、産業構造が大きく変わり、資金需要が巨額化、長期化して、それに応じて長期の金融機構としての資本市場が形成され、整備されるのは19世紀末から20世紀初頭である。そして、その動きが一応完成期に入り、縮小してから資本主義は広い意味で停滞期に入ったと思われる。

この形が比較的はっきりしているのはイギリス、大陸ヨーロッパ、アメリカに続いて、20世紀後半に産業構造の重化学工業化を達成した日本である。日本経済についてはは日本のマルクス経済学者は、恐らくコミンテルンのテーゼに影響されてのことだと思われるが、日本が早くから「帝国主義段階に入った」という認識に基づいて、重化学工業化も早くから進展していたはずだと思い込んでいたのではないかと、筆者には思われる。例えば、明治時代にある会社で工作機械の国産化に成功したという事実に基づいて、日本の機械工業の水準が早くから高い水準に達していたかのように書かれた著作があった。しかし第二次大戦中、旧制高等学校から兵器工場に動員されていた筆者の体験によっても、各種兵器の枢要部分を加工する工作機械はことごとくアメリカ製、スイス製など外国産で、国産工作機械で切削したものは甚だしく不良率が高かったのをよく記憶している。

ともかく、大戦前の日本の重化学工業は著しく軍需に偏り、高度な工作機械は呉の海軍工廠《こうしょう》に集中し、しかもその内容は外国製機械ばかりというのが事実である。そして、その機械の輸入代金を稼ぐべき輸出産業はというと、国際競争力のあるのは生糸だけであった。日本の産業の重化学工業化と本格的な資本市場の形成は第二次大戦後と筆者は信じる。そして、その成長が終わったのは、1970年代半ばではないかと判断する。

重化学工業化した産業の代表格である鉄鋼を見ると、鉄鋼生産（普通鋼鋼魁）が年で500万トン程度で1億5000万トンのアメリカと戦った日本は、戦後1億3000～4000万トンほどの能力を建設し、毎年国内消費7000万トン、輸出3000万トン、計1億トンを多少超える程度の生産を数十年続け、設備の新設はまったくしていない。また、それに関連して発電所も、小規模なものを除いてほとんど建設されていない。

一方、これに対する金融機構の状態は、戦後の銀行の貸出先として断然トップの顧客であった鉄鋼と電力を失い、産業が停滞に入った1970～80年代以降株式投機と不動産投機の資金供給に熱中した挙句、90年代初めに株式と不動産のバブルが破裂して、ほとんどすべての大銀行が経営破綻状態になり、約20行あった都市銀行と称する大銀行はわずか3行に集中された。

一方、資本市場の中核であるはずの証券市場はアメリカとヨーロッパの投資銀行、商業銀行に乗っ取られた形で、国内発行株式の3割、証券取引所の売買シェアの7割が外国の機関投資家によって占められている。東京の株式市場は諸外国の機関投資家の運用先の一つに過ぎず、その繁閑は外国機関投資家が資金を投入するか引き上げるかに、完全に依存している。このように見れば、日本の産業と金融の発展と成長の終了、停滞は、ほとんど第二次大戦後に展開されたと言えるであろう。明治維新以後対米敗戦までの約70年は、経済成長段階を無視した軍備と大陸侵略戦争で、極めて歪曲された経済構造とその運営の歴史であった。

これに対して先進国の欧米は、19世紀末に成長はひとまず終了し、恐慌の時代に入るが、それ以後も20世紀を通じて自動車、電機・電子工業など、次々に新しい産業が開発された。さらに20世紀後半、とりわけ最後の4分の1世紀にはそれまでの製造工業の領域を半ば離れ、コンピューターとインターネットの技術を基礎として、計算の超高速化、記憶装置の超大容量化、通信速度の超高速化によって、人間の新しい欲望を創出し、あるいは潜在的な欲望を刺激し、新しいサービス産業分野を次々と創出するのに成功するという形になっている。しかしその一方で、旧来の製造業の面では、例えば鉄鋼業ではアメリカは1億5000万トンの生産能力で大戦を闘った後、21世紀に入った現在ではわずか3000万トン台しか生産していない。鉄鋼は年間人口1人当たり600キロ消費するから、アメリカはおそらく年1億5000万トンぐらいは輸入している計算になる。

以上のように先進国の産業は重化学工業の時代を過ぎてサービス化の時代に入り、中国もいずれその後を追うと思われる。21世紀の前半段階の現在、長期巨額の資金の需要は縮小し、集積された貨幣は運用の場を求めて狂奔する時代に入りつつあると思われる。

◆そして、貨幣が溜まってきた

20世紀末から21世紀初頭にかけて、資本主義経済は貨幣が溜まり、だぶつく、という状態になった。前に紹介したようにマルクスは『資本論』の第Ⅲ巻、第5編、第32章で、このことを書いている。一部を前に紹介したが、もう一度引用しよう。

「貸付資本の蓄積とは、単に、貨幣が貸付可能な貨幣として沈殿するということである。…中略…それは、ただ資本に転化されうる形態での貨幣の蓄積でしかない。…中略…貨幣資本の蓄積のこの拡大は、一部は現実の蓄積の拡大の結果でもありうるし、…中略…最後にまた一部は現実の蓄積の停滞の結果でさえもありうる」（新日本新書版、第11分冊、877ページ）。

このことはこの本の最初の基礎知識の所でも説明したし、先に機械の減価償却と貨幣が溜まるか溜まらないかの関係の問題を説明した所でも述べた。基本的に資本主義では、貨幣がただそのままでは（沈殿しているだけでは）増えないから、労働力や機械、原材料、製品など、色色な形をとって運動している。これが「現実の蓄積」であり、それによって資本の全体が大きくなる。貨幣の総量も、別に全体の大きさに比例して大きくなるとは限らないが、大きくなる。

しかし、この運動の外にはみ出して、運動していない形でいる（つまり、「沈殿」している、あるいは「資本に転化できる形態での貨幣の蓄蔵」の状態で、待機している、または遊んでいる状態の）貨幣が、どのくらいあるか、ということは、全体として資本が現実に蓄積しているか、つまり利益を上げているかどうかには、一応関係はない。

一般的に言えば、あるいはビジネス界の常識では、好況期にはお金は忙しい。増やす機会がたくさんあるからで、遊んでいるお金は少ない。不景気の時には増殖運動から弾きだされて、遊んで、良く言えば待機している貨幣の量が増える。さらに言えば、それでは金融機構の方が困るから、無理に運動させる。つまり不良な貸し出しをする。あるいは不良な会社の株式や社債を買い、表面上は貨幣が蓄積運動をしているように見せかける。そして、恐慌になって化けの皮がはがれ、すべてを失う。そして、何度でもこれを繰り返す。

以上のことを20世紀の資本主義の歴史の大勢として観察すると、国、地域によって時期のずれはあるが、20世紀は19世紀に引き続いて次々と新しい産業が発展し、巨大な生産設備に投資した後、世紀の後半、とりわけ最後の4分の1世紀以後、新規投資より減価償却の方が大きいという、投資の回収期に入った。普通なら、減価償却で手元に還流して来た貨幣は、前に述べたように機械の精度を保つために機械の更新投資に投入され、手元にじっとしてはいない。しかし、重化学工業の中核である製鉄所、発電所、石油化学コンビナートは、絶えず維持補修されなければならないとはいえ、簡単に更新され、新設されるものではない。経済の停滞とともに集中が進行し、設備はむしろ縮小する。つまり、還流してきた貨幣は出ていかない。つまり一般の機械は前に述べたように「平均年令」に気をつけて絶えず更新されるが、製鉄所の高炉などは簡単に更新など出来ない。だから巨大な設備の塊である製鉄所などは事情がまったく異なるわけで、しかも産業構造は変化し、サービス化してきた。

先進国では重化学工業の設備の更新、新設はきわめて衰えた。それで溜まった貨幣を再び引き出して運動させるという、現実の蓄積は重化学工業では小さくなっている。だから、大勢として20世紀末から21世紀初頭にかけて、貨幣は必然的に余り、溜まってくる。マルクスの言葉を借りれば「資本に転化できる形態」での（つまり、何の形にも転化しないで貨幣の形のままでいる）貨幣の蓄積が進み、なかなか蓄積運動が出来ないのでしびれを切らし、不動産や株式などの資産、穀物や原油などの商品の投機という「悪の道」に走る貨幣が増大するのである。

◆手元余裕金と自己資本、内部留保

こうして一国の経済全体、そして、世界の経済全体として貨幣の需給関係が緩み、お金が余ってくる。だがそれともう一つ、お金が余ってくる大きな原因がある。それは赤字国債による財政支出である。財政が赤字でなく、税金で吸い上げた貨幣を財政支出するのであれば、プラス・マイナス・ゼロだからお金は増えない。

しかし税金ではなく、国債を発行して財政支出にあてると話はややこしくなる。国債を発行すると銀行などが買う。代金は銀行の日銀などの中央銀行当座預金で支払う。したがって市中銀行の日銀当座預金残高が減り、政府の日銀預金残高がふえる。ここまでプラ・マイ・ゼロである。そして政府は財政支出する。政府は例えば護衛艦を発注した造船会社の取引銀行にお金を振込む。日銀の政府預金残高はその分だけ減り、市中の銀行の日銀当座預金残高がその分だけふえる。これまたプラ・マイ・

ゼロである。しかし日銀への預金、つまりベース・マネーはゼロでも、市中銀行の造船会社の預金はそれだけふえる。つまりマネー・ストックの量は純増する。政府がどんどん支出するとマネー・ストックもどんどんふえる。

一方ベースマネーはこれまでプラ・マイ・ゼロであったが、日銀が買い上げ、いわゆる買いオペをするとその分だけふえる。だから国債を発行して、その代金を財政支出すると市中銀行の預金、すなわちマネー・ストックがふえ、日銀が国債の買いオペをするとベースマネーがふえることになる。

２０世紀以来経済成長が停滞し、大恐慌が発生したから景気を何とか支え、持ち直そうとして財政支出を増大しているのは世界各国共通である。新自由主義が政治的に優勢になって、小さい政府を唱え、理論的にも政府の裁量的財政支出に反対していても、うっかり財政支出を絞ると、貧しくなった国民の怒りを買って選挙に負けるから財政支出は減らせない。

そこで国債を発行して内外の金融機関に買ってもらい、それを中央銀行が買いオペで買い上げ、市中銀行の準備預金、ベースマネーを増やすことは、前に説明した。その時、国債を発行するということは政府が借金をしたということだから、その借金した金つまり国債の発行代金は、中央銀行の政府様という取引客の預金口座に払い込まれる。表面的には民間銀行から借金しているように見えても、中央銀行が買いオペで買い上げるから、実際は政府が中央銀行から借金することに他ならない。中央銀行が直接政府から引き受ける（買うこと）と、財政規律が緩んでキリがなくなるから、やらない、やってはいけない、ということになっているのであるが、本来独立性を尊重しなければならない中央銀行の総裁を、何でも自分の言うことを聞く人物に替え、その総裁が国債の流通市場が品掠《がす》れになるほど国債を買いまくっているのであるから、21世紀の安倍自民党政権においては、「財政規律」なるものは存在しない。後で日本経済が、そして日本国民が、ひどいシッペ返しを食うことになる。

それはともかくとして、こうして増えた政府の中央銀行預金残高は、財政支出によって政府が何か買った企業の取引市中銀行の預金口座に振り込まれ、同時にその市中銀行の中央銀行当座預金口座に同額が記入される。つまり中央銀行口座の世界では、政府の口座から市中銀行の口座に残高が移動し、市中銀行はそれだけ資産が増えるが、同時に市中銀行の口座の世界では、企業の預金口座残高という負債も同額増えるということである。

さて、こうなったということは、市中の準備預金が増えたのだから市中銀行は貸し出しを増やす力が増えたということで、市中は景気が良ければ貸し出しを増やそうとする。ところが景気が良くないからこそ、政府は財政支出を増やしたのである。それで民間企業は銀行預金が増えたのであるが、投資を増やそうとはしない。まして銀行から借り入れをふやそうなどとは思わない。結局財政支出は企業の手元余裕金を増やし、銀行の準備預金、ベースマネーを増やしただけである。こうして20世紀30年代の大恐慌以後、各国の政府は国債の発行を増やしながら、財政支出を増やし続けているが、これも企業の手元余裕金が増える基本的な原因の一つになっている。日本では新聞報道によれば、2017年秋現在で企業の手元余裕金は117兆円もあるといわれている。前章で企業の内部留保の大きさに着眼し、これを分配あるいは処分すべきであると言うのは正しい見方ではないということを述べたが、取り上げるとすれば、手元余裕金の大きさ、そして、何よりも利益の大きさを第一にするべきであろう。それに内部留保は計上された利益の内、どのくらいを配当つまり外部流出に回し、どのくらいを取って置くかを株主総会で議決されたもので、うるさく言われるものであれば、全部配当してしまえ、となるとそれまでである。なにしろ株主の私有財産であるから、資本主義社会である限り手が付けられない。

◆溜まったお金はどこにあるか？

世界で一番早く資本主義経済が発展し、一番早く停滞し、したがって、一番早くからお金が余って来たのは言うまでもなくイギリスである。そして、国内にはいい投資先が少ないのだから、当然の結果として外国に盛んに投資した。特にイギリスの植民地、従属国に投資したが、中南米諸国のように、スペイン・ポルトガルから独立したけれども旧宗主国からの資本投下が十分とは言えない国にも、国債を買うなど投資した。植民地から独立するとともに、西へ西へと拡大し、次々と州が増えたアメリカの、新しい州は重要な投資先であったが、財政困難で次から次へと破綻し、支払い不能になった。しかし、結びつきの深いイギリスの投資家はアメリカ州債に投資するのをやめなかったのは興味深い。こうした対外投資で外国の株式、国債、州債、社債などを買ったのは、イギリスの大地主、貴族・特権階級、そして産業革命で産をなした富豪であった。

こうした個人投資家に対してスコットランドから発展したのが投資信託（investment trust）である。

信託とは、ただ預かる寄託と違って名義も信託を受けた受託者の名義となり、受託者は自由に処分できる。もちろん委託した人に対して忠実でなければならない。また、受託者自身の財産と区別され、受託者が倒産しても信託財産には債権者の手は及ばない。これを倒産隔離という。実際に信託した財産を持っている人が委託することもあれば、多数の人から財産特にお金を集めて纏めて委託するのを業務とする者がいることもある。日本の投資信託で「委託会社」という業者がいるのがそれである。何れにせよ、実際に財産（たいてい貨幣）を信託した人を「受益者」、英語で beneficiary という。一般に名義上の持主に対して本当の持主 beneficiary owner 略してBOという。受益者は信託した財産に対して「受益証券」という証券を受け取る。この信託の法理はアングロ・サクソンの独自の法理で、大陸ヨーロッパのローマ法の諸国にはない。投資信託の財産は信託財産ではなく特別財産(Sondervermoegen) と呼ばれ、別の法理によっている。また、投資信託が大きく発達したのは言うまでもなくアメリカで、しかも信託の法理によるよりも、株式会社形態をとっている。したがって、投資信託ではなく投資会社 investment company である（アメリカでは会社の種類は1種類 corporation 株式会社だけである）。

後でタックス・ヘイヴン tax haven 税金逃れの所で説明するが、上に説明したように信託は色々と厄介な所もあり、ファンド、特に財産隠し、税金逃れ目的でファンドを作って個人名義を隠す場合は、信託よりも会社形態か、パートナーシップの形をとる。この場合は本当の株主は誰か?がBO探しの当局の仕事になる。

アメリカの投資信託は、あとで説明するように、色色な法律形態をとりながら、全体としてはファンドと総称され、巨大な発展を遂げ、金融化と21世紀初頭の金融危機の主役になった。しかし、アメリカ経済が19世紀、南北戦争後に、驚異的なスピードとスケールで発展し、大企業が発達した時、前に説明したように株式会社形態は資金調達よりも企業集中の手段として利用されたのであるが、資金調達の手段として主に用いられた社債を購入したのは、主としてこれも19世紀後半に大発展を遂げた生命保険会社であった（但し、アメリカでは日本のように生命保険と損害保険の会社の区別はない）。また年金は、前にも述べたように20世紀半ば、第二次大戦期の利益隠しに絡んで発展したものであるが、これも20世紀後半、アメリカだけでなく、世界各国で巨大と言える成長を遂げた。日本の公的年金のファンドである「年金積立金管理運用独立行政法人」通称GPIFは世界最大級の年金ファンドで160~170兆円の資力を持っている。

これら保険、年金、投資信託などはそれぞれが巨大な貨幣集積機関となり、あとの章で述べるように証券市場や短期金融市場、株式会社の役割などの変化とともに、金融化の「表の」資金供給基盤を構成していく。

◆お金の総額と持主は分からない

前項で「表の」と言ったが、言うまでもなくそれは「裏の」があるからである。しかし、表に現れているだけの、つまり貨幣集積機関に溜まり、運用されている貨幣の分量だけでも極めて巨額である。

日銀の統計によれば、日本では生命保険会社の運用資産は2010年代末で大体370～380兆円ほど、投資信託やそれに類似した投資一任契約で運用されているものが270～280兆円ほど、投資助言契約で運用されているものが50兆円ぐらいある。また、政府が管理している厚生年金や国民年金の資金を管理している「年金積立金管理運用独立行政法人」が運用しているお金は先ほど言ったように160～170兆円ほどである。

また、世界で見ると、世界中の公的年金などの公的な資産家の2016年末の運用額は33兆5000億ドル、かりに1ドル110円で円に直して3685兆円、そのほかの民間機関投資家の分も合わせると約70兆ドル、7700兆円という計算である。しかし、本当のところはよく分からない。

その理由の第一は、重複計算されるものが結構あるからである。例えば「ファンドオブファンヅ」(fund of funds)というものがある。投資信託に限らず、誰かが管理運用を引き受けたある程度以上大きい金額の貨幣の塊を一般にファンドというが、これは資金を自分では運用しないで他のファンドに投資して運用する。これは両方を合計すると完全な重複計算になる。また、アメリカの投資信託は株式会社という法的存在形態をとっているが、投資信託という看板を掲げていなくても、たくさんの証券に投資し、また、複数の個人、法人からお金を預かって証券その他に投資している株式会社もある。広く一般から募集し、つまり投資を勧誘して、「公募」すると証券関係法令に引っかかってしまうが、個人的に依頼され、人数も規模もそれほど大きくなければ、個人的な関係、「私募」で、規制の外にある。アメリカでは本当は多数の投資家に呼び掛けて、「公募」に近いのに、規制を逃れるために

「私募」扱いにしてもらおうとするのを排除するためにSEC、証券取引委員会（SEC U.S.Securities and Exchange Commission）の規則迄あるが、これは本当の私募である。アメリカのように大富豪が多く、超上流階級を構成している国では、大富豪同士の個人的な関係、個人的な依頼に基づく運用資産も結構多いのではないかと筆者は想像している。

しかし、こういったものの外、意図的に姿を隠そうとする、また隠している、貨幣、ファンドもある。貨幣や貨幣が姿を変えた証券など金融資産と呼ばれるものも、完全に姿を隠すのは中々難しいもので、世界中のどこかの銀行の預金として存在していたりするものであるが、在り処さえ分からなければ、完全に隠せるのは現金、札束である。前の方で、現在も大量に発行されている紙幣は一体本当に流通しているのか、それともどこかに隠れているのかという問題に関連して、昔から大量の札束がヨーロッパの銀行の地下金庫に隠れているという説があることを紹介したが、高額紙幣が大量に発行されていることは、この説を裏付けるものかもしれない。これも前に紹介したように日本の1万円券を除いて世界のどこの国でも、高額紙幣が一般流通に用いられることはまずないからである。

札束を隠すという方法は、原始的ではあるが、うまく行けば、まず完璧である。貨幣量の中で札束は金融政策の手の届かないものである。しかし、見つかるというリスクも大きい。とすると貨幣そのものではなく、株式や債券などの証券をはじめとする金融資産、金銭の請求権に替え、その持ち主が分からなくしたり、名義上の持主は分かっても、真実の持主、前に説明したベネフィシャリー・オーナー、BOが誰であるか分からなくする方法が現実的ということになる。この中で、真実の持主が、制度的にも完全に分からなくする方法は、その国の株式会社法制で無記名式株式を認めることである。そうすると無記名式の株券を発行して、それを所持している者を株主と認めるしかない。しかも証券であるから譲渡自由である。株券を手交することによって株式の譲渡は完成する。こうなると真実の株主は本人にしか分からない。会社も形式的には株主総会の連絡も、配当金の支払いも、やりようがないことになる。ドイツの場合、このためにハウスバンクという、支配株主のための銀行兼証券会社のようなものが存在していることを説明したが、財産隠しが目的の場合はその必要はない。その会社そのものが、その目的のために設立した自分の会社だからである。後で説明するタックス・ヘイヴンの国にある法律・会計事務所に事務を任せてあるのであるが、そうなると事実を一番よく知っているのは事務所の従業員だということになる。そのために従業員には厳重な守秘義務があり、真実を漏らした従業員は立ち所に生命の危険にさらされる。先年、パナマのタックス・ヘイヴンについて実情、BOを漏らした「パナマ文書」が現れたが、それを漏らした人物の一人は暗殺されたと伝えられる。

無記名式株式という支配株主にとって便利な株式会社は別として、一般の株式会社の場合は、通常の場合は株式会社法制に備わっている、会社の内容を開示する規制が、その国の会社法になければそれでよいわけで、各国の多くの会社の名目的な所在地になっているタックス・ヘイヴンの国では、たくさんの会社の本社所在地になってもらうために、会社法の規定を徹底的に緩くしてある。株主や債権者を保護するために会社の内容を開示する規定などない。もちろん取引所上場会社ではないから、投資家のための開示規定などあるわけもない。したがって、会社の内容については外からは何も分からないようになっている。実情を知っている法律・会計事務所の従業員については、先に述べた通りである。

◆タックス・ヘイヴン

こうして資本主義経済の中に溜まり、投資の機会を窺っている貨幣は巨額であり、複雑に絡み合い、あるいは行動や、なかにはその存在までも隠匿しようとするものもあって、その全体としての規模は容易には分からない。しかし、ファンドの形成、存在や活動状況の秘匿について大きな役割を果たしているのはタックス・ヘイヴンである。タックス・ヘイヴンについてはこれまでも言及してきたが、ここではタックス・ヘイヴンについてもう少し、まとめて説明して置くことにする。

まず、タックス・ヘイヴンという言葉の意味であるが、直訳すると「税金からの避難港」である。税金を払う人のために税率を低くしたり、姿をくらまして税金を払うまいとする人のために隠れ場所を提供したりする所である。逃げ込むのは大金持ちの個人または法人である。法人は何らかの事業を営んでいる企業と、何らかの資産に投資しているファンドに分かれる。資産とは株式や債券などの証券類と土地・建物などの不動産、それに原油や穀物、あるいはコーヒー豆など、大量に生産される商品類である。前の方で説明したコモディティの代表的なものである。

逃げ込んでくる者を受け入れるのは国または法域《ほういき》である。法域とは国ではないがその地域だけの独自の法律や制度を持っている地域である。例えば香港は国ではなく中国の一部であるが、独自の法域である。大英帝国として世界中に領土を持っていた時の名残で、元イギリスの植民地であった地域の中でインドのように独立しないで、イギリス領またはイギリス王室属領（奇妙なことにイギリス領ではないとされる）として残ったたくさんの小さな島がある。その理由は筆者は知らないがたいてい独自の法域である。東から西に次々と植民地が出来てステートとなり、イギリスから独立するとともに合体して連邦国家となったアメリカの州は独立意識が強く、一つ一つがみんな違った法域である。

世界中どこに行っても同じ税法、同じ会社法で、同額の税金を取られ、同じ規制を受けるのであれば、どこに居ようが同じことで逃げようがないが、国、法域が違うと現実に税率の高い国と低い国に分かれる。会社法制についても、監督規定に大きな差があり、資産内容や業績はもとより、会社の成立事情や来歴、役員や株主の名前も住所も全部公表させられる国と、何も公表しないでよい国に分かれる。そして、世界中方々に避難港の国や法域が出来る。外国で出版された研究書によれば、驚いたことに日本もタックス・ヘイヴンの一つに数えられていた。しかし、何といっても日本はタックス・ヘイヴンとしては新参者で大したことはなく、国としてはスイスやオランダなどが昔から有名である。山国ではよく登場する名前としてはリヒテンシュタインがある。島では昔からよく利用されたのは英仏海峡（ドーバー海峡とは違う）のジャージー島がある。しかし、現代では一番よく利用されている（多分脱税者にとって一番都合の良い税法、会社法になっているのであろう）のは、カリブ海に浮かぶケイマン諸島ほかの英国王室属領の多くの島である。もっともそれ以外の島でも、カリブ海の島はキューバのような社会主義国を除いてたいていはタックス・ヘイヴンである。

誰でも税金を払うのは嫌なものだが、タックス・ヘイヴンを使った税金逃れの盛んなのと、その規模が大きいのには驚かされる。なぜ、このように税金からの避難が盛んなのであろうか？　理由の第一は税金が高いからである。封建時代は別として現代資本主義経済ではどこの国も以前と比べて税金が高くなった。その理由は、20世紀になって経済の停滞、恐慌に対処するための財政支出の増大を賄うため、あるいは高福祉・高負担によって所得の再配分を図るために、税収の増加を志向するからである。昔に比べて税金が高くなったのは当然である。そして、高い所得の配分を受け、その再配分として高い税率を負担することになる大企業と富裕な個人が、税金逃れに工夫を凝らすのも、ある意味では当然の結果であろう。

その方法の第一は、企業が本社を税率の低い国に移すことである。企業は巨大化し、同時に事業活動が国際化して来たから、違った国の巨大企業同士が合併することが多くなった。そうなると、どちらの国に、あるいは合併した会社のどちらの国でもない第三の国に、本社を置くのが一番納める税金が少なくて済むか、という問題が出てきた。しかし、国籍の異なった大企業が合併すると、本社が置かれる方の国は税収が増えるが、そうでない方の国は税収が大きく減ることになる。ここから国と国との間で企業の本社の誘致競争が始まり、本社の流出を防止し、さらに積極的に誘致するために、企業の本社の誘致競争が始まり、その方法として法人税率引き下げ競争が始まった。税収を増やすために税率を引き下げるという、矛盾した闘争が国際間に展開されることになったのである。

もっとも、本社誘致競争は国と国の間だけのことではない。先にアメリカの州は連邦とは違う法域で各州はもちろん違う法域であることを述べたが、この点で有名なのは東北部、ニューヨークの南、ワシントンＤＣの東にある小さな州であるデラウエア州で、会社法の規制が極端に緩く、このためアメリカの大企業は、実際の企業活動の中心地とは関係なく本社をデラウエア州に置いているものが多い。

本社誘致競争は、課税される最終利益をどこの国の企業として計上するかをめぐって、主として大国の間で展開されるのであるが、大富豪の資産の隠し場所として利用されるのは、小さな島や、アルプスの山の中の国と言った、小さな国、法域である。面積が小さく、遠い南の海や山の中と言ったところで不便でもあり、人口も少なく産業もない。つまり税金を納める法人も個人もいないわけで、少しでもわずかな手数料か税金を獲得しようとして、大富豪の巨額のお金の法的な存在形態であるファンドという法人を誘致しようとする。言い換えれば、わずかの税金か手数料を当てにして、大金持ちの「お金の住所」になってもらいたいというわけである。

それはともかくとして、大企業が国や法域の税率や法的規制の差を利用して少しでも利益を増やそうとする企《たくら》みとしては、右に述べた本社の所在地をどこに置くかという手段によって、資本の運動の最終の結果である計上利益に対する課税を少なくし、手元に残る利益を増やすという道があることを挙げたわけであるが、もっと積極的に、資本の価値増殖運動の中で、国、法域による税率の差をうまく組み込んで、支払う税金を少なくし、最終利益を大きくしようとするということがあることを説明する。それはこの本の前の方で述べた、「グローバライゼーション」の一つでもある。

それは大きく言えば、企業の事業構造の再編成で、企業の各事業段階、経済学的に言えば、資本の循環運動、姿態変換運動、価値増殖運動の各段階を分解して子会社化し、色色な国に分散して配置する。目標はどう分割し、再編成すれば一番儲かるか、である。そのために最も重要なことは、労働力が豊富で賃金が安い国に生産過程を置く、つまり工場を置く、ということであることは言うまでもない。そして、その次に置かれる原則は、利益は税率の低い国の子会社で計上し、税率の高い国の子会社では損失を計上する、ということである。そのために取られる具体的な方法としては、例えば、税率の低い国の子会社は原材料の取得、例えば輸入を担当し、そこから税率の高い国にある製造あるいは最終製品の販売子会社に高い価格で輸出する。その子会社では原材料コスト高であるから利益は出ない。つまり税率の高い国の子会社では利益を出さない。その代わり税率の低い国の子会社、原材料を原産地国から輸入し、工場のある国または最終消費地の国に輸出する国の子会社で利益がでる。

これを実行したのがスターバックス社である。新聞報道によれば同社はコーヒー豆を産地からスイスの子会社が輸入し、そこから高い価格で大消費地イギリスの子会社に輸出していた。もちろんスイスはイギリスより税率が低いわけで、税金の高いイギリスの子会社は利益が出ず、税率の低いスイスの子会社で利益が出るようにしていたわけである。スターバックス社は何かの理由で当局に摘発されたのであるが、このやり方はどこの会社もやっていることである。ただ問題はこのようにして海外の子会社で利益が出るようにすると、それをどうやって本国の親会社に持って帰るかである。子会社から株主である親会社に対する配当金の形で持って帰ると配当に課税され、折角の「努力」が無駄になる。日本の大企業もこの手口で海外の子会社に巨額の利益を貯めこんでいたのであるが、驚いたことに日本政府は特例法を作って「今年の配当金は税金を負けてあげます。」とほとんどゼロに近い税率で日本に持って帰ることが出来るようにした。具体的に言うと２００９年の税制改正の時、外国小会社からの配当金は９５％を本社の「益金不算入」としたのである。対外投資を盛んにするという目的であるが、国民には消費税引上げ、大企業には法人税を引下げた上、外国で儲けた分は殆んど無税に近くしたのである。国民を馬鹿にした不公平と言わなければならない。

国によって税率が違うことを利用したこの節税、脱税の方法は、いわば公然たる方法である。大企業に言わせれば「合法的」な経理の操作に過ぎないと言うかも知れない。これに対して財産や年々の所得を完全に隠し、あるいはある場所は分かっていても、その財産の額、お金の持主など、肝心なことはサッパリ分からなくするというのは、ほとんど、あるいはまったく、犯罪的な行為である。しかもその貨幣は、その表の顔であるファンドとして、金融市場、株式市場で公然と活動しているのである。しかし、公然と活動しているのに、それが誰のものか、お金の本当の持主は一体だれなのか、分からないのである。例えば、日本の株式市場で活動しているファンドの中で、現在は別の名前で活動しているが、「村上ファンド」というのがあった。これについて筆者の知人で今は故人になられた某教授がその内容について調べようとされたところ、カリブ海あたりに本拠があるらしいということ以上は、何も分からなかったと憤慨しておられたという話を聞いたことがある。

◆まったく姿をくらます、という言い方には、多少語弊があるかもしれない。これまで何度か言ったように、貨幣が存在する形としては、金貨が姿を消した現代では少額のコインを除いて中央銀行券の姿を取るか、銀行の預金口座の残高の姿を取るかの二つしかない。だから金持ちのお金のように税務当局の眼を逃れてか、犯罪組織のお金のように警察当局の眼を逃れてかの目的のために、姿をくらますと言っても、お金そのものは必ず何処かの銀行の預金残高として存在している。そうでなければ何処かの国の中央銀行券（大抵はアメリカのドル紙幣）の巨大な札束として、何処かの地下金庫にあるはずである。前に述べたように、２１世紀の現代に至ってなお、主要国の中央銀行券の発行残高は巨額に増え続けている。小売りの支払いはキャッシュレスが増えているというのに、おかしなことだと言わなければならない。

しかし、お金は札束の形をしていると、増殖することが出来ないから、やはり大部分は何かに投資され、売買されて、その決済のために色々な銀行の預金口座の間を転々と動いているはずである。この、転々と動きながら増殖運動を行っているその巨額のお金は、公然と良く知られているものとしては公的年金制度のお金や、保険会社などの貨幣資本の集積機関のお金、いわば公然のファンドのお金があるが、それ以外の貨幣資本の運用会社（資産運用会社、asset management company と言う）が運用し増殖活動をさせているファンドのお金は、出入りが激しく総額がいくらあるか分からないが巨額である。このファンドはそもそも運用会社の数が多い上に、一つの運用会社が多数のファンドをマネージしていることが多く、ファンドの数は大変多い。そしてお金は激しく動いている。そこまではよく分かっているのであるが、ファンドの運用担当者、ファンドマネージャーが動かしているお金の本当の持主が、まったく分からないのである。だから、姿をくらましているというより、姿は影のように見えているのだが顔は見えず、それがいったい誰なのか分からない、と言った方がよいかもしれない。

お金の持主を分からなくする方法は、これまでも言及したように、個人の財産でなく、法人の財産にすることである。そしてもう一つ大事なことは、その法人が住所としている国あるいは法域の法制では、その法人の経営者、出資者、資産内容や企業としての業績など、その法人が一体どんな法人であるかを一般に公表しなくてもよいことになっていることである。

個人の名前でなくてお金を管理、運用するためには、投資信託のように信託の形をとることも考えられるが、前に説明したように構造が少し複雑でめんどうである。日本では公募のファンドの法律的性格としては信託の法理に従って「投資信託」であるが、アメリカでは株式会社の形を取るから「投資会社」である。タックス・ヘイヴンでも会社を設立しお金はその会社の財産、ということになる。法的な性格が株式会社であればお金は株式の払込金、つまりその会社の資本金になるわけで、お金の持主は株主になる。株式会社以外の形式としては前に説明したパートナーシップがある。この場合は無限責任のゼネラル・パートナーのいない、リミテッド・パートナーばかりの Limited Partnership でお金はパートナーの出資金である。どちらが一般的かは、残念ながら筆者は審《つまび》らかにしない。とにかく株式会社の株主と同じく、リミテッド・パートナーも有限責任であることが大事である。無限責任であれば、覆面というわけにいかない。

ところが、会社の社員（従業員ではない）である株主やパートナーが全員有限責任であるということは、会社に対する債権者にとっては頼りになるのは会社の資産だけということ、いわゆる物的会社だということで、どこの国の会社法でも、資本を充実しなければいけないとか、最低資本金の制度を設けて小さな資本金では駄目だとか、その他いろいろ厳重な監督規定が定められている。会計報告なども重要な監督規定の内である（もっとも近年は株式会社を「特別目的会社」として事業以外の目的で設立することが多くなり、最低資本金制度は日本でも撤廃され、わずか1円の資本金でも株式会社が設立できるようになった）。公開会社つまり取引所上場会社であれば、会社の内容の開示の要求はさらに厳重である。

この規定があってはまったく逃げも隠れも出来ないわけで、タックス・ヘイヴンの国、法域の値打ちは正にここにある。デラウエア州のことを説明した時に言ったように、多くの会社、たくさんのお金を引き付けるには監督が厳重であってはならない。タックス・ヘイヴン国・法域ではこうした監督規定は一切ない。だから、何も公表しないでよい。事務を取り扱う弁護士・会計士事務所の人たちには厳重な守秘義務があり、漏らした人は何時背後から銃弾が飛んでくるかも知れないのである。

こうして多くのファンドの巨額の資金は、誰のお金であるか分からなくなるのであるが、それと同時にどこで仕事をしているかもよく分からない。第一、ファンドの住所になっているカリブ海の小さな島かどこかで、オフィスを構えて巨額のお金を運用する仕事をしたりはしない。現代の情報・通信技術の発達は地球上での距離をゼロにした。お金の持主とその家族は、それこそカリブ海の島や地中海の保養地で楽しんでいるであろうが、その資産を管理している資産運用会社や、法律・会計事務所の本社は、あるいはニューヨークかロンドンにあるかもしれない。しかし、実際に資産を運用しているファンド・マネージャーのオフィスはニューヨークにあるとは限らない。例えばシンガポールにいるかも知れない。シンガポールは自由で、金融のための環境条件がそろっており、何よりニューヨーク、東京、ロンドンという世界の金融センターとの時差の関係がいい。ニューヨークの取引が終わるころには東京が開き、東京が終わるころにはロンドンが開く。お金は24時間動いているのである。

しかし、お金はそれを動かしている人の所にあるわけではない。もちろんシンガポールなどにはないだろう。筆者の推測では、世界で最もお金が自由に動かせる所、ロンドンの、シティの、銀行の、オフショア預金口座にあると思う。いわゆるユーロ・ダラー口座である。そこで取引の決済が行われることが多いのではないかとも思う。もっとも、あとで述べる短期金融市場証券の市場はニューヨークだから、ニューヨーク決済も多い。このあたりのことになると筆者には分からない。

◆タックス・ヘイヴンの顧客像

最後にタックス・ヘイヴンを利用している顧客について一瞥しておこう。まったく分からないのだから、何も言えるわけがないのだが、どんな種類の人間たちであるかについて推測を試みる。

まず挙げられるのは、昔からの大富豪、名門大企業の創業家である。日本では江戸時代に育った豪商、富豪は、三井、鴻池など一部を除いて明治維新で借り倒された形になって姿を消し、明治以後に育った資産家や華族階級も多くが第二次大戦直後の超インフレと財産税で没落したから、何百年も続く大金持ちが少ないのであるが、欧米とりわけ近世以降戦争に負けたことがなく、革命もなかったイギリスでは、貴族、大地主、大商人を中心とする上流階級が残存し、財産と強固な特権階級を構成している。大陸側の諸国では戦争を繰り返して、勝ったり負けたり、国が滅亡したり再建したりした上に、何ヵ所で革命も起こっている。しかしそれだけに支配階級や富豪たちが財産を他国に分散したり隠したりすることも発達していたと言える。そしてこれに最も貢献してきたのがスイスの銀行である。筆者の友人であったスイスのある教授はこのことを挙げて、スイスの銀行の秘密主義と財産の秘匿の正当性を主張していた。また19世紀から20世紀にかけてアメリカでは無数の大富豪が生まれており、フォード家やロックフェラー家のような、名門巨大企業の創業家が多数含まれる。これらのいわば伝統的大富豪は言うまでもなく、大弁護士・大会計士事務所は最高の顧客であり、タックス・ヘイヴンとの縁も深いと思われる。

これに対して20世紀70～80年代以降のインターネット革命、デジタル革命以後は、一方にIT技術の進歩があり、他方に株式市場の変化があって、両者が結びつくことによって生まれて間もない企業が瞬く間に巨大企業に成長すると同時に、株価の驚異的な高騰を実現した。マイクロソフトを始めとして、デジタル機器とそのアプリケーション・ソフトの企業、グーグルやアマゾンなどの超プラットフォーマーと称される企業などでは、発行株数の増加、株価の異常な高騰、株式のオプションによる交付や報酬の株式化などによって、創業者を始めとして経営者達を巨億の富を持つ大富豪に仕立て上げた。

これらの大富豪は才能と苦労、そしてチャンスをない交ぜにしながら産をなしたのであろうが、タックス・ヘイヴンの常連顧客にはこのほかに、後ろ暗い連中が列をなしている。それはアフリカ、中近東、中南米、中央アジアなどの、良く言えば新興国、悪く言えば社会的に遅れた国々にしばしば見られる。その内訳は独裁者、5年、10年、なかには何十年も、大統領の座にある人物などである。これ等の中には国庫や中央銀行を私物化して公金を横領し、逮捕されたものもある。先進国の影響力拡張競争で甘い条件で与えられる援助も、この連中の蓄財の手段の一つではないかとする見方さえある。ともかく、腐敗、汚職は後ろ暗い資金の発生装置である。

そして最後に控える大物顧客は、麻薬取引を中心とする犯罪組織である。ことによるとタックス・ヘイヴンに絡む貨幣量の中で最大の比重を持つものかもしれない。そして一旦貨幣がタックス・ヘイヴンの戸籍に納まると、もう手の付けようがなくなるので、当局の摘発の努力はマネー・ローンダリング（money laundering　資金洗浄）のための送金の段階に集中されている。近年出現した暗号通貨も最大の用途は送金手段で、今のところでは最大の利用者は犯罪組織であろう。

10 金融化(3)——ファンドの世界とその構造　短期金融市場の成長と証券化、新しい金融恐慌

◆運用の世界の構造

これまでは資本主義経済の世界に段々と巨額のお金が溜まってきたことを説明してきた。そしてお金の溜まり方には年金基金や生命保険会社のように公然と貨幣が集積されるもの、いわば公然たるファンドと、もう一つは大企業や大富豪が儲けたお金を貯めこみ、あるいは隠したお金があり、中には横領するなど後ろ暗いお金や、犯罪組織のお金などもたくさんあって、それらは皆ファンドという名前の下にどこかに存在し、管理され、運用されていること、しかもそれが誰のものか分からないように管理、運用されていて、そのためにタックス・ヘイヴンという名前を付けられた国・法域が存在していることを説明した。

いま世界中には無数のファンドがあり、年金基金や生命保険会社のように公然とした貨幣資本集積機関で、自分で資金を管理し、運用も基本的には自分で行っているものもあれば、その他の私的なファンドのようにあるものは完全に身を隠し、あるいは管理を他のファンドに託し、運用もやはり他のファンドにゆだねているものもある。他のファンドに投資する、具体的には他のファンド会社の株式を買う、と言った運用の方法を取るものも多く、これは前に説明したファンド・オブ・ファンズであ

る。歴史と運用の実績を持つファンドには多くのファンドのお金が自然と集まり、大変巨大なファンドになる。巨大ファンドの例としては「ブラックロック」、「ヴァンガード」、「ステートストリート」などが有名であるが、運用成績には波があり、客観条件の変化に大きく影響されるので資金の出入りは大変激しく、どのくらいの資金量かを言うのは大変難しい。これまで度々言及したように、ファンドの資金量というものは一体どのくらいあるのか、ということはほとんど把握不可能である。ここではこの厄介なファンドの世界を、何に、どのように運用しているかという見地から、いくつかに色分けし、簡単な構造図を描いてみよう。

ファンドは運用の対象、つまり何に投資するかによって、株式を主とし、そのほかに時として金や原油、金属、穀物など取引の盛んな商品に資金を投下し運用するものと、国債や政府短期証券、社債や手形のように金利の変動に対応して値段が動き、政府や中央銀行の金融政策に密接な関係を持つ利付証券に投資するものとの二つに分かれる。そして株式を主とし、時として値動きの激しい商品に投資するファンドは、その運用の仕方によってヘッジ・ファンドと、パッシヴ・ファンドに分かれる。

また、このファンドの世界、運用の世界には、運用はしないで助言だけをするのを専門とする助言会社と、株式を除いて債券類その他の証券に「格」をつける格付け機関（rating agency）がある。特に格付け機関は、証券市場に対する監督法令が、投資の基準を示すために格を利用したりするので、私的な業者が発表するものに過ぎないのにも拘わらず、事実上「格」は半ば公的な性格を持っている。ただし２００８年のリーマン金融恐慌の際に、不良な証券に最上級の格付けをするという出鱈目さが暴露され、非常に信用を落とした。

まず、ヘッジファンドであるがそもそもヘッジという言葉の意味を説明しておく必要がある。ある、日常的に値段が変動する商品を手元に所有するか、一定時日後に手元に到着する場合、例えば買い付けた大豆がアメリカの港を出港してまだ太平洋上にある場合などで、価格が変動して買い付け価格と比べて一定の利益を得られる場合、あるいは価格が下落傾向で日本の港に到着するまで待って売却すれば損失を被る可能性があると思われた場合など、先物で売却して一定の利益を確保するか、もう売却しても損失が出るほど値下がりしているのであるが、売却して損失を一定額に留めておくという行動をとった場合、その行為をヘッジ（hedge）と言う。まだ値上がりするかも知れないし、値下がりが止まって上昇に転じ利益が出るかも知れないわけであるが、一定の利益または損失を確定しておく行為もある。先物とは将来の一定時点で品物を受け渡す売買契約を現在時点で締結することである。先物取引の価格は、現在時点で売買契約とともにすぐ品物を受け渡す現物取引の価格とは別個に形成される。

この例は受け渡す現物の品物を持っている場合であるが、価格が下落しそうだと思った時、現物を持っていないのに先物取引で売り、下がったらその値段で買い戻して（反対売買と言う）利益を得たり、あるいは現物を引き取る気がまったくないのに（例えば原油の先物を買った時、現物を引き取れるのは石油会社だけである）、先物を買い値上がりしたら売って儲けようとするのは先物取引を行っている市場では日常的に行われている投機である。つまりやっていることはヘッジと同じことなのであるが、本来のヘッジと違って価格変動に備えて、利益または損失を確定しておくという目的はなく、反対売買によって利益を得ようという純粋の投機である。

しかし、このように実際の商品が売買される市場の価格変動にからんだ本来のヘッジではなく、株式や商品の相場で、当分相場が動きそうにもない時、たとえ小さな値動きでもカラ買い、カラ売りを繰り返して儲けようとする、そういった売買を日常的に行うファンドをヘッジ・ファンドと言う。言い換えると、相場が動かない時も売買益を稼ごうとするのがヘッジ・ファンドである。また売買の担当者、ファンドマネージャーの報酬は運用益に比例する。それに運用成績の良くないファンドマネージャーはこの世界では即クビである。相場が動かないからと言ってファンドマネージャーはじっとしている訳に行かない。積極的に仕掛けざるを得ないのである。

ヘッジ・ファンドほどでなくても、値上がりしそうな、あるいは値下がりしそうな、株式や商品を探し、積極的に売買することをアクティヴな運用をするという。しかし長年の経験上も、またある学者の研究によっても、アクティヴな運用は株価の平均値の動きと比べて、特に勝っているとは限らないと言われ始めた。そこで取引所などが計算して発表する株価の指数に従って運用する指数運用が多くなってきた。これをアクティヴに対してパッシィヴな運用という。

日本で21世紀初め、第二次安倍内閣に忠実な黒田氏の日銀は金融の量的緩和の手段の一つと称して、驚くべきことに株式を買った。それも取引所上場投資信託を買ったのであるから、指数運用である。この黒田氏のやり方は全上場証券の指数に従う買い方であるから、良い株も悪い株も見境なく全部買うことになる。つまり株価の形成を完全に歪めてしまうことになる。投資家が買ってはいけないボロ株も買い、買えば当然値上がりする、あるいは少なくとも値下がりしないからである。

◆金融市場証券の市場

資本主義経済の中で集積され、ファンドの大群という形で存在し、運動している貨幣は、一部は前節で説明したように、価格変動の激しい株式や商品といった資産の市場で運用され、活動するが、一部はこれも前節で言ったように国債や社債、手形など、金利の変動に対応して変動する証券の市場に流入する。この市場はまた、前に説明した銀行の資金繰り、言い換えると銀行間の決済を行う中央銀行の準備預金口座の残高の過不足を調整する短期金融市場とつながっている。だから株式や商品の市場に向かった貨幣と分かれ、国債などの市場に向かった貨幣は、金融市場に流入したのだと考えてよい。もちろんこの二つのお金の流れは完全に分離したものではなく、二つの市場を行き来することはある。

しかし、２０世紀に入り、特に第二次大戦期以降、金融市場に大きな変化が現れた。前に話したようにケインズ主義的な財政政策が広まって国債の発行が増えてきたのに加えて、大戦の勃発によって戦費の調達のためには否応なしに国債を発行せざるを得ず、また、戦争が終わっても財政支出は縮小しない傾向があるために、国債の発行高は桁違いに増大した。それは長期・短期の政府証券の発行の増大ということであるが、財政コストの点で財政当局は金利の低い短期証券の発行による歳入調達を好む傾向が強く、各国とも政府短期証券の発行高が増大した。そして、この証券発行の短期化傾向は企業の発行する会社証券にも及んだ。大戦の終了で各国とも巨大な機械設備の余剰を抱え、長期設備資金の需要は縮小して資金の需要・供給関係は緩み、長期証券の発行は大きく減少した上に、多少長期の資金の需要でも短期の社債や手形の発行で間に合わせることが多くなる。期限がきてもお金が余っているから簡単に借り換えができるからである。

この変化はもちろんアメリカを中心として表れた。ニューヨーク金融市場は基本的にはアメリカの大銀行と投資銀行、それにニューヨーク連邦準備銀行、略称 New York Fed で構成される。アメリカ財務省はこの市場に向けて政府証券を発行する。具体的にはプライマリー・ディーラーと言われる、当局が選んだ信用のある大銀行、投資銀行、証券会社に売り渡し、他の金融機関、投資家はプライマリー・ディーラーから買う。国はその国の中で一番信用がある借り手である。だから、政府すなわち国が発行する借金証文である政府証券は、その国で一番信用がある証券である。しかも、アメリカは世界で一番の金持ち国である。だから、アメリカ政府の証券は世界で一番の優良証券だということである。この政府証券に向かってファンドのお金、資本集積機関のお金、各銀行の余裕資金が買い向かっていく。

それだけではない。各国とも輸出代金は米ドルで受け取るが、色色な理由で民間輸出業者、業者から買い取った銀行は、受け取り、買い取ったドルを大抵その国の政府が買い取る。これをアメリカ政府は、その国の通貨を売りドルを買うから為替相場の操作だとして非難するのであるが、結局、アメリカに対する輸出の多い国の政府はたくさんのドルを保有することになる。これが一般に外貨準備と呼ばれているもので、世界で日本と中国が一、二を争っている。このドルは各国政府はどんな形で持っているかと言うと、ニューヨーク連銀の口座に置くか、ニューヨーク短期金融市場でアメリカ政府の短期証券を買って持っている。また、政府のみならず、この市場は世界の銀行のための短期金融市場で各国ともドルが必要な時はこの市場で調達する。例えば日本の企業が外国の企業を何億ドルかで買収するとすれば、日本の大銀行がこの市場でＣＰかＣＤという銀行の短期証券を発行してドルを買い、日本の企業はそのドルで外国の会社を買う。ニューヨーク短期金融市場は世界の金融市場である。そして世界中の国の外貨準備もここに集まってくる。

こうなるとアメリカの短期金融市場は単にアメリカ政府の政府証券の発行市場であるだけではない。アメリカの銀行も、アメリカの企業もこの市場に向かって手形その他の証券を発行して資金を調達する。この手形をＣＰと言う。Commercial paper の略で、訳せば商業手形である。商業手形とは商取引の決済のために発行された手形のことであるが、ここでは商取引とは関係なく、資金調達のために発行される。銀行も発行するのでそれを銀行ＣＰという。さきに出てきたＣＤというのは、Negotiable Certificate of Deposit の略で、訳すと「譲渡可能な定期預金証書」である。ＣＰより少し長い期間の資金調達のために発行される。だからアメリカだけでなく世界の銀行と大企業のための市場だと言ってもよい。そして、言うまでもなく、ファンドの巨大な資金も、運用を求めてこの市場に押し寄せる。資金を求めるものはこの短期金融市場に証券を発行する。この市場に発行され、売買される証券は短期金融市場証券である。そしてこの市場は短期金融市場証券の市場である。

◆MMFとRps

この短期金融市場証券の市場に有力なプレイヤーが現れた。市場の有力な買い手であると同時に有力な売り手でもある。そして自分自身も優良な短期証券の発行者でもある。発行者であるということは、おおくのファンドがそれを買い貨幣が集まってくるということである。だから有力な貨幣集積機関でもある。

これが金融市場証券を専門に投資する投資信託（アメリカだから会社形態で、投資会社である）で、アメリカでは投資信託のことを一般にミューチュアル・ファンドというが、金融市場証券に投資するので英語では money market の証券の mutual fund、頭文字を取ってMMMFとなる。しかしそれでは長すぎるのでMを一つ取ってMMFと言う。

MMFの基本的な特質は、それが投資している証券が金融市場証券、つまり政府短期証券か、大企業が発行するCPあるいは大銀行の発行する銀行CPまたはCDで、信用度の高い証券であることである。そして期限の短い短期証券である。だからMMFが投資家に販売して投資を募っている証券の裏付けになっている資産は、優良な証券で換金性が非常に高いということである。だからMMFに投資した、つまり、MMFの発行した証券を買った投資家が、解約請求言い換えれば証券を売りにきた時、現金がなくて困るということはないことになる（後で説明するリーマン金融恐慌の時は、この裏付けの資産として持っていた証券が「証券化証券」というもので、実は信用度の低い証券であったため、換金不可能になり、ＭＭＦ自身に金がなくなって支払い不可能になり、金融恐慌が拡大した）。

ＭＭＦの普及に力を入れ、大ファンドに育て上げたのは、のちに２００８年リーマン金融恐慌で破綻し、政府がバンク・オブ・アメリカに強制的に救済合併させた後、バンカメが名前も消し去ってしまった投資銀行メリル・リンチである。しかし、そもそも貨幣を吸収し、集積する素質があり、多数のＭＭＦが設立され、大量の貨幣を吸収して銀行預金の強敵となった。またアメリカだけでなくヨーロッパの大銀行も加わって、多数の銀行が傘下の一部門としてＭＭＦを設立した。

ＭＭＦの貨幣吸収力に輪をかけたのは、その小切手口座化である。ＭＭＦは基本的には１９４０年投資会社法・投資顧問法（一つの法律の前半と後半という構成になっている）によって設立される投資信託であり、大体どこの国のＭＭＦも同じようなものであるが、投資家が換金する時は解約請求による。ところがこれを改めて、当座預金の小切手と同じような仕組みにして、小切手で解約、換金できるようにした。この結果大変使い勝手が良くなり、ＭＭＦの普及と膨張に拍車をかけたのであった。

アメリカの短期金融市場の発展に関して、ＭＭＦと並んで説明しておかなければならないのは、証券の買い戻し、または売り戻し条件付き売買契約である。英語で Repurchase Agreement なので Rps と略す。金融は貨幣の貸し借りで、手形や株式、国債・地方債・社債などの証券の発行、売買は金融の手段の一つである。基本的な形態は貸借であるが、貸借の代わりに証券の売買という形式をとる。具体的にはある債券を時価で売り、同時に何日か先の日付で買い戻す契約を結ぶ。買い戻す値段はその間の日数に応じた利子を上乗せした金額である。売り代金を受け取ってから買い代金を支払うまでお金を借りたのと同じことになる。また、これと反対に時価で買い、何日か先に売り戻す契約をするとその間お金を貸したのと同じことになる。最初の売買契約の時、買い戻しまたは売戻しの契約を同時に結んでいるから本当に売ったのではなく、証券は担保の役割を務めながら移動するのと同じことになるから、銀行の実務では、これを「譲渡担保付貸し出し、または借り入れ」といったりするそうである。日本では現物で買い、または売って、同時に先物契約で売り、または買うわけだから、これを略して「現先《げんさき》」という。また当初の売買価格は必ずしも時価でなくてもよいが、それだと買い戻した後の帳簿価格が時価とかけ離れてしまうことになる。

この Rps 現先取引は日本では税務上の問題がある。日本には有価証券取引税というものがあって、証券を売買する度毎に税金がかかる。ところが短期金融市場では金融取引として頻繁に証券が売買される。そこで官民協議の上の対策として、この取引は証券の売買ではなく、証券の貸借であってその担保として現金が借り手から貸し手に提供されているのだということにした。まことに苦しい処置と言うべきである。これだと証券の貸し手は担保として提供された現金を管理することなく流用していることになる。

アメリカの短期金融市場は、すでに市場にある証券、または資金調達のために新たに発行されたCPやCDなどの売買市場として、またMMFを大プレイヤーとして、大発展を遂げたが、その取引形式はほとんどすべて Rps で、期限はオーバーナイトなど極めて短期のものが大部分と言われている。

したがって資金はたとえ巨額に手持ちされていても毎日契約更新、手形の書き換えに狂奔せざるを得ない。したがって取引に供用される証券の優良性に強く依存しているわけで、あとで説明するリーマン危機－金融恐慌の時は市場に充満している、住宅ローン債権を裏付けにした証券化証券に対する信用不安の噂が流れると、あっという間に市場は売り物ばかりで買い手は一人もいない状況となって、証券の市場価値はゼロになり、パニックに陥ったのであった。資金繰りの対策を講じる時間的余裕などなかったのである。

◆住宅ローン、カー・ローン、カード・ローン

本来銀行は企業の経済活動に伴って、言い換えれば、資本の価値増殖運動を助けるために発達したものである。個人がお金を貯めるための機関は銀行ではなく貯蓄銀行である。日本の旧郵便貯金、現在のゆうちょ銀行は代表的な貯蓄銀行である。貯蓄銀行は昔は日本にたくさんあったのであるが、相互金融機関であった無尽会社が相互銀行に改組させられたのと併せて、最後には貯蓄銀行も相互銀行も全部普通の銀行になって姿を消した。先進各国にはどこでも個人の貯蓄と小規模な金融のための金融機関は銀行とは別にある。今日本では銀行でないのは信用金庫、信用組合、労働金庫、そして農協である。

お金を貸す業務の方から見ると、企業に貸すのは銀行で、個人に貸すのはもとは街の高利貸し、または街金《まちきん》と言われる裏通りにある個人金融業者であった。第二次大戦後の日本ではいわゆる「サラ

金」と言われる高利の個人金融機関が一時期大発展を遂げた。しかし政府の高利取り締まりの強化に伴って現在では大銀行の子会社となり、逼塞《ひっそく》状態で大銀行の個人金融であるカード・ローンの名目的な保証業務に利用されたりしている。

しかし20世紀以降、資本主義の発展が成熟、停滞してくると各国とも、金融機構全体として消費者金融に乗り出した。もっとも発達したのはアメリカで、日本は前に説明したように、産業構造が重化学工業化し、高度成長を遂げたのが第二次大戦後であるから、消費者金融が発達したのは20世紀後半の、さらに後半で、経済の成長が止まり、大企業があまりお金を借りてくれなくなってからである。

さて、消費者金融の主なものは住宅金融、カー（自動車）・ローン、カード・ローンの三つである。日本では先に述べたように個人に貸したのはサラ金であったが、アメリカ同様個人低所得者金融はカード・ローンに移行した。また注意すべきは、カード・ローンは別として住宅金融とカー・ローンは消費者金融であると同時にれっきとした住宅産業、自動車工業の企業の資本増殖運動のための金融であることである。そしてさらにこれら三つの消費者金融は資本主義が停滞から脱出するのを助け、景気を支持し盛り上げるための経済政策の一つである。

アメリカでは政策的に住宅金融を重視し、大統領が任命する4名の理事で構成される連邦住宅金融制度理事会（FHFB　Federal Home Finance Board）という強力な中央組織があり、その傘下に12地域の、住宅金融の規制・監督機能を持った12の連邦住宅貸付銀行（FHLB　Federal Home Loan

Banks）がある。

住宅金融は長期の割賦金融であるから、貸した金融機関にとっては当然回収に長期間を必要とする。そこで住宅金融の流動化、つまり貸した貨幣を金融市場で回収する工夫が必要になる。このために設立されたのが連邦抵当金庫（Federal National Mortgage Association 通称 Fannie Mae, ファニー・メェ）と、同様の機能を持つ連邦住宅貸付抵当公社（Federal Home Loan Mortgage Corporation, 通称 Freddie Mac, フレディ・マック）という半官半民の組織である。

どういう仕事をするかと言うと、住宅金融を実際に行う（つまり貸し付ける。これを設定と言う）のは住宅金融の専門業者か銀行であるが、それら業者の貸付債権（貸付の書類一式と思ってもよい）を買い取ってやり、その代金として自分の発行した証券を交付する。つまり交換する。この証券は政府機関である大金融機関の発行する証券だから優良証券であり、格付けは最高である。したがって金融市場ですぐ売れ、貸し出した貨幣はすぐに回収されて次の住宅貸付に向けることが出来る。また後で説明する住宅金融その他の消費者金融債権の証券化商品（CDO と言う）を購入し、やはり消費者金融として貸し出された貨幣の回収を手伝ってやる。そのために必要な資金は短期金融市場証券の市場にCPなどの証券を売り出して調達する。これも高格付けの優良証券だからすぐ売れる（ところが住宅建設のバブルが進行し、住宅ローン債権が不良化すると当然それを証券化したCDOも不良証券になる。ファニー・メェもフレディ・マックも巨額のCDOという巨大な不良資産を抱えて自分の発行した証券が償還できなくなって破綻し、辛うじて政府に救済される羽目に陥った。これがあとで述べるリーマン金融恐慌の一部である）。

◆証券化と住宅金融証券

証券とは何かということについては前に述べた通りである。では証券化とは何のことであろうか。以前証券化、英語でセキュリタイゼーション（securitization）ということについて、貨幣資本の調達の仕方で、金融機関から借りるのではなく、証券の発行によるものが主体になってきたことを指すと解した著作が現れたことがある。しかしこれは誤解である。証券とは財産や金銭の請求権が債務者の承諾を得ることなく第三者に譲渡し得るようになっていることである。今問題にしている住宅金融債権で言えば、貸し手の金融機関や住宅金融業者と借り手の間の関係が、指名債権で勝手に譲渡できないという関係であるため、金融市場で売却して資金を回収することが出来ないのを、貸し手の債権を譲渡可能なもの、つまり証券に転換して、資金を回収できるようにすることである。しかも借り手からの元利金の回収業務は、当初ローンを設定した銀行や業者が行う契約になっている。元利金を受け取る権利は、多数の住宅ローン債権を買い集めた投資家が持っているわけであるが、とても自分でやってはいられないから、それは当然である。

証券化の技術としては、前にも述べたが、信託の法理を使うのと、アメリカの投資信託のように会社形態にする方法とがあるが、会社形態にするのが一般的である。まず会社（証券化のために設立した会社で、なにか事業をやるための会社ではない。こういった会社を特別目的会社、special purpose company,spc と言う）を設立し、住宅ローン債権を買い集め（その資金は短期金融市場でＣＰなどを発行して調達する。主なお金の出し手はＭＭＦである）、それを会社の資産とし、それを裏付けとして株式または社債（ノートつまり中期の社債が普通）を発行し、投資家に売りさばくのである。その株式または社債が証券化商品または証券化証券である。信託形態を取ったときは株式や社債ではなく、信託受益証券を投資家に売りさばくことになる。設定機関に集めてもらった元利金で投資家に利子を支払うわけであるが、住宅ローンの金利であれ、カー・ローン、カード・ローンの金利であれ、金融市場の金利よりはるかに高いのが通常である。そして証券化証券は金融市場で投資家に売り出すのであるから、証券化商品の利回りは金融市場の貸し手の金利の水準でよい。つまり大変な利ザヤになる。この大きな利ザヤを利用して、金融市場の金利水準より少し良い利回りにしておけば、証券化商品、特別目的会社の債券は飛ぶように売れるはずである。いずれにしてもこれでローンの債権はローンの設定業者から投資家に移転したことになる。そして投資家は買ったノートなどを市場で転売できる。つまり元のローン債権は証券化したのである。これ等一切の手配は投資銀行の仕事である。この仕事を「組成」と言う。いま言ったように証券化というビジネスは大変儲かる仕事であるから、投資銀行の獲得する組成手数料は甚だ高い。この甘い蜜を目指して、ゴールドマン・サックスを始めとするウオール街の投資銀行だけでなく、銀行も先を争って証券化商品の組成、販売、そして自分も手持ちする投資に力を入れたのである。

こうして出来た証券化商品は短期金融市場証券の市場で大歓迎され大変良く売れた。貸し出しの中でカー・ローンやカード・ローンではなく、住宅やショッピングセンターなどの商用不動産を抵当にした金融をモーゲージ（mortgage）というが住宅金融債権の方を裏付けにした証券化商品をＲＭＢＳ（residential mortgage backed securities）と言い、商用不動産金融債権の方を裏付けにした証券化商品をＣＭＢＳ（commercial mortgage backed securities）と言う。世界的に資金需要がない上に各国とも景気対策として長期に亘って低金利政策を取っているから、お金を運用したい人にとっては、有利で確実な投資対象がなくて困る時世である。どちらもよく売れたが大量に組成され、世界経済に大きな影響を与えたのはＲＭＢＳの方である。

先に述べたようにアメリカでは経済政策上も住宅建設、そして住宅金融が重要視されているが、住宅に対する需要も活発である。数百万戸の空き家がある人口減少大国日本と違ってアメリカは絶えず移民が流入して人口が増加し、住宅の需要が強い。したがって日本では住宅は買ったら途端に値下がりするのが普通であるが、アメリカでは中古住宅に対する需要が強く、中古住宅が屡々値上がりする。２０世紀末から２１世紀初頭にかけて新築、中古を問わずアメリカでは住宅価格はじりじりと値上がりを続けた。こうしたローンの対象物件が売買された後値上がりを続けるということは住宅ローンの外、カー・ローンやカード・ローンにはありえないことである。これが２１世紀初頭、アメリカで住宅建設と住宅ローンが大拡張し、アメリカ経済に大波乱を巻き起こした大きな原因となった。

ともかく消費者はローンを組んで新築住宅を買ったとたんに我が家が値上がりするという、日本人から見れば夢のようなありがたい話である。ということは住宅の買い手は、大げさに言えば一文無しでも家が買えるということである。住宅を買った値段より時価の方が高いのであるから、その差額はプラスとなる。これをエクィティという。エクィティとは前にも説明したがこの場合は資産から負債を差し引いた純資産という意味である。そうするとまず銀行が、その部分を担保にまたお金を貸す。これをエクィティ・ローンという。銀行は貸したくて堪らないわけだし、消費者は喜んで何か買ったり、旅行などに消費したりする。どうせそのあとも値上がりを続けるのだから、と銀行も心配しない。借り手は一文無しで借りても、エクィティ・ローンで借りた金で月賦の元利金返済に充てられる。

日本人の常識からすれば大変無茶な話であるが、こうしたことが住宅金融に大規模な不良貸出を発生させる原因となった。借り手に何の収入も資産もなくても、返済に不安はない、という理屈をつけて貸す。忍者ローンという言葉さえ生まれた。No income 収入がない。No job 仕事がない、つまり失業中、No assets 資産はない、の所々を取ってNINJAとしたのである。どういうわけか外国人は日本の忍者が大好きである。またノー・ドキュメント・ローン（No Document Loan）というのも登場した。ドキュメントとは書類、この場合は貸し出し審査書類のことである。つまり何も調べないで貸してしまうことである。こういった不良な貸し出しのことをサブプライム・ローン（subprime loan）と言う。サブとは「——の下」という意味で、プライムとは「優良な」という意味である。「優良ではない——まぁ普通の」ということになるが、実は忍者ローンのような大変な不良貸出が多かったのである。アメリカの住宅金融市場はサブプライム・ローンで充満した。低所得者の住宅需要と金融側の貸出難とが接合した結果の現象であるが、住宅建設は材料調達の裾野の広い産業であり、アメリカ経済に一時的活況をもたらした一因であることは間違いない。所得の裏付けのない需要に対する供給は紛れもない過剰生産であり、過剰生産恐慌の原因そのもので、リーマン金融恐慌が実体経済とは関係のない、金融だけの現象だとする見解とは相容れない事実である。

◆CDOと金融工学

前節で見たように、住宅金融債権の証券化商品は、住宅建設の活況、中古住宅の継続的な値上がりとともに金融市場にも大活況をもたらし、そして不良証券の充満とともに金融恐慌の要因を秘かに累積していったのであるが、金融恐慌を最後に爆発させる具体的な材料となったのはCDO（collateralized Debt Obligation の略で、日本語の訳名は筆者は残念ながら知らない）である。読み方は「コラテラライズド・デット・オブリゲーション」で、デット・オブリゲーションは債務証書、あるいは債券で、コラテラライズドは「担保にした」という意味である。つまり色々な債務証書、例えば住宅金融の債務証書、貸した方から言えば債権を表す証書などで、それらを裏付けにしたノート、中期社債である。しかしそれなら先に説明した証券化商品のRMBSやCMBSと同じではないかということになる。

それはその通りではないかと筆者も思うのであるが、CDOは全体として大量の貸付債権を組み入れていること、またそれと関連していることであるが、RMBSなどと違って住宅金融に限らず、色々な債権を裏付けとして組み入れていること、そして最後に大きな特徴として、全体をいくつかに切り分け、これをフランス語のトランシュ（tranche「薄切れ」の意）という名前を付けて売り出したことがある。このトランシュは優良なものとそうでないものとの区別があって、トランシュごとに権利に差がある。ＣＤＯの場合にどんな手法で権利に格差をつけたのか、筆者は残念ながら知らないが、近年盛んに組成されている。銀行の貸付債権であるローン債権の証券化商品であるＣＬＯ（collateralized loan obligation）の例で見ると、債券の財産分配請求権に差をつけているようで、これと同じと思われる。つまり仮にファンドが解散することになった場合、ファンドに対する債権者であるＣＤＯの投資家は自分の持ち分に応じてファンドの財産を持っていく権利を持っているわけであるが、その時にトランシュごとに優先順位がついている。最優良のトランシュは順位が一番、それからだんだん順位が後になっていくわけである。最後のエクィティになると、株式と同じで、みんながファンドの財産から自分の投資分を引き上げた後、残った分をもらう権利だけで、残っていなければ取り分はゼロである。たくさん残っていればたくさんもらえるが、そんな資産状態の良いファンドは解散などしない。

　そしてこのＣＤＯが大変な人気商品になった原因として金融工学なるものが出てきて、このＣＤＯが債務不履行、つまりそれを買って保有している投資家に、お金が返せなくなる確率が極めて低いと宣言し、その尻馬に乗った格付け機関が、なんと最優良の格付けをしたのである。こうしてＣＤＯはどのトランシュも飛ぶように売れ、中には外国の銀行や機関投資家も飛びついて買ったのであるが、なにしろアメリカ産の商品であるから代金はもちろんドルで支払わなくてはならない。そして恐慌になってＣＤＯは売ろうに売れず、市場での価値はゼロになってしまったが、買う時に支払ったドルは短期金融市場で借りたものである。前に説明したようにこの市場での取引は超短期で毎日のように借り換えをしなくてはならないが、ＭＭＦなど資金の供給側のファンドはもう借り換えに応じてくれない。借り換えられなければ借りたドルが返せない。外国の投資家にとっては恐慌は同時にドルが手に入らない「ドル危機」としても襲い掛かったのであった。

もう一つＣＤＯについて説明しておかなければならないのは、信用つまり貸し付けや証券の投資に対する保険である。借り手の銀行や企業が経営破綻して、借りたお金が返せず、債券が元利金の支払いが出来なくなった時に、変わって支払ってくれる保険である。この保険の大手がＡＩＧ（American International Group）で、投資家や銀行、投資銀行はみんなこの信用保険契約を保険会社と結んでいた。保険料を払う代わりに、もし保有しているＣＤＯなどの不動産担保の貸付債権証券化商品が、債務不履行つまり元利金の支払いが不可能になったら保険会社が代わりに支払う契約である。ＡＩＧは巨額の契約残高を持っていたのである。

◆２００８年リーマン金融恐慌

中古住宅価格の持続的な値上がりに依存して、ほかに貸すところがなくて困っていた銀行、投資するものがなくて困っていたファンドや機関投資家は不良な住宅ローンを膨大に膨らませ、投資銀行はそれを素材にして危ない証券化商品を大量に組成して金融機関と投資家に売りまくった。そしてこれに支えられてアメリカの住宅建設市場と住宅金融市場はブームに沸いたのであったが、2000年代に入って段々形勢は怪しくなってきた。そして2007年にもなると住宅ローンの借り手は大群をなして元利金の支払いの延滞、そしてさらに支払い不能に陥った。そして当然の結果として住宅ローン債権担保の証券、証券化商品の値段は下がり、そのうちに市場では売り物ばかりとなって買い物はなくなり、市場価格はゼロになってしまうことになるのであった。

この結果2007年8月にはフランスの大銀行パリバの傘下のファンドが解約を停止せざるを得なくなり、またほとんど同時期にアメリカ国内では本来住宅ローンの最大手であり、先に説明したサブプライム・ローンでも最大手であったカリフォルニアの住宅ローン会社のカントリーワイド社が破綻して、バンク・オブ・アメリカに吸収合併された。そして翌2008年になると大手投資銀行が持ちこたえられなくなり、まず2008年春、ベア・スターンズが破綻してJ・P・モルガンに吸収合併された。そして9月、大手投資銀行のリーマン・ブラザースが破産申請を提出したが、不良資産の規模が大きく、救済合併させようとした政府の圧力に応じる銀行がなかったので、リーマンはそのまま破産して消滅した。

このリーマンの破産は大きな衝撃を与え、各銀行と市場の警戒心を煽って、アメリカの金融に破壊的な影響を与えるものであったから、アメリカ政府は後で述べるような救済資金注入を行うとともに、半ば強制的に救済合併をおこなわせた。メリル・リンチは前に述べたようにバンク・オブ・アメリカに合併させた。またゴールドマン・サックスは超大富豪のウォーレン・バフェット氏が50億ドルを提供して救済した。我々日本人にとって関心を引くのはモルガン・スタンレーで、日本政府に対して外交圧力をかけて三菱ＵＦＪ銀行に２０％出資させるとともに９０億ドルの資金を提供させて救済した。三菱ＵＦＪは恐らく渋々であったであろうと筆者は推測している。個々の投資銀行救済の外、ＡＩＧの救済を含めて、政府（財務省）から資本金の補強（政府が株式を引き受ける）を行うとともに連邦準備制度から大量の資金を流し込み、金融機構を補強した。

これがリーマン金融恐慌の概略であるが、前に述べたようにこの恐慌は、金融機構の内部だけの独自の恐慌ではない。証券化商品には住宅金融債権だけでなく、カー・ローン、カード・ローンの債権も含まれているだけでなく、先に述べた政府の救済資金注入の先には金融機関だけでなく、ゼネラル・モータースも含まれていたのである。

さらに筆者が注目するのは、恐慌の発現の仕方である。これまでの通常の恐慌では、支払い不能は銀行の預金勘定の上での決済不能として表れる。恐慌すなわち過剰生産は、資本の回転運動の上で、投下した貨幣の還流不能としてまず現れる。すなわち企業の取引銀行に対する支払いに対する圧力から決済不能となる。そしてそれはかならず銀行の資金不足を招くから、中央銀行の準備預金残高の減少ないし不足として現象する。したがって恐慌は企業の段階から、拡大するにつれて銀行の段階に発展し、ついには銀行の準備不足、決済における支払い不能として金融恐慌に至る。ところがリーマン恐慌においては、過剰を支えた、あるいは過剰の原因となった資金の出所、吸収されるところが、銀行ではなく短期の金融市場である。決済不能は期限のきた手形、Rps の決済不能として表れる。市場における貸借関係の網の目は、短期の現先契約の網の目である。このあたりのことは、初学者には分かりづらいところであるが、この個所に限らず、分からないところは飛ばして一向に差し支えない。肝心なのは、本来ならお金を借りることが難しい人たちに貸しまくり、そうした人たちがローンの返済が不可能になると、その返済をアテにして組成されている証券も利子も払えず期限がきても元金が返せないということである。そうすると証券は無価値になり、それをたくさん持っているファンドも銀行も大損をして潰れてしまうということである。

11　金融化(4)——株式市場の変質

◆株式の減少が起こった

巨大金額に集積された貨幣は色々なところに、そして色々な方法で溜まり、個人のお金の姿だったものも姿を変えて法人のお金の形に、言い換えると色々なファンドの形になって市場に流れ込んだ。そこではお金の流れは主として短期の金融市場証券の、買い戻し、売戻し条件付き売買という形を取り、またその媒介役としてMMFが現れた。そして沈滞する資本主義経済を刺激するために拡大された住宅ローンなどの消費者ローンと結びつき、特に住宅ローンと一緒になって、証券化商品を生み出した。投資家は短期金融市場証券の市場で、自分もCPなど短期金融市場証券を発行してお金を調達しては住宅ローンの証券化商品をしこたま買い込んだ。そして住宅ローンは大膨張し、不良住宅債権の山を築いたのち、中古住宅価格の値上がりが止むとともに、今度は住宅ローンの返済不能の山が現れ、証券化証券の投げ売りとなり、遂にリーマン金融恐慌として大爆発した。

しかしお金の流れは短期金融市場だけではなく、株式市場にも流れ込んだ。前にも説明したように資本市場の中で、株式市場の外に、長期の安定した運用を求めて長期債券の市場にも流れ込むはずであるが、先進国の民間企業は重化学工業化の時代が終わり、長期の設備投資資金はもう余り要らない時代に入っている。だから長期の社債は企業の買収の時などを除いてもうそんなに発行されない。また日本では自民党政権が大幅な赤字財政を続け、巨額の赤字国債を発行して、金融市場に投資対象を提供しているのであるが、ベースマネー、つまり市中銀行の日銀当座預金残高を供給して景気を刺激し、物価を上昇させるという、とんでもない、大間違いの「量的金融緩和政策」によって、日銀が国債をみんな買ってしまうため、投資家は買うものがなくなってしまった。

投資対象難は洋の東西を問わず同じであるが、アメリカではこれまで説明した証券化商品市場に流れ込んだほかに、株式の売買市場にも流れ込んだ。普通であればファンドが株式を買いまくり、株式バブルを引き起こし、破裂して恐慌になるという順序になるはずであった。しかし後で述べるようにアメリカではそうはならず（住宅金融関連証券の分野でバブルと破裂が起こった）、株式バブルは２０世紀末日本で起こった。日本ではお金を貸すところがなくて困った銀行が、株式担保貸付と不動産担保貸し付けを、それこそ後のアメリカのＮＩＮＪＡローンのように貸し捲り、金融恐慌とその後の長期停滞を招いた。そして「都市銀行」と称された20行近くもあった大銀行はわずか３行のメガ銀行とその系列信託銀行に集中させられた。証券市場が完全にアメリカに征服され、かつて東京証券取引所を中心に証券会社が密集し、証券会社員と投資家・投機家が足しげく行きかった兜町は見る影もなく寂《さび》れ果てていることは、前に述べた通りである。

アメリカでは日本と違って株式市場の熱狂と崩壊は、まったくなかったとは言えないかも知れないが、それ程目立ったものではない。株式市場熱狂の主役となるはずの投資銀行が、株式とは別のバブルに入れ込み、挙句の果てにそろって破綻して、ゴールドマン・サックスを除いてみんな大銀行に吸収合併されてしまったからである。アメリカで日本のような株式市場の熱狂と崩壊が見られなかったのは、基本的な要因として、株式会社の役割の変化とそれとともに起こった株式市場の変化がある。たんなる取引所という株式の流通市場での、投機的な売買の熱狂ではなく、もっと大きな力による動きが見られるのである。

そもそも株式会社はこれまで説明したように、多額の資金を集めるのが本来の目的であった。多額の資金を集めるためにたくさんの株式を発行して投資家に売りさばき、その資金を資本金として、大金事業を始めるのが、本来の株式会社の姿である。そして株式の発行を助け、株式の売却の場となって、投資家が投下した資本の回収を助けるのが株式市場の役割である。ところが20世紀後半に事態は変化した。それは自社株の買い付けである。株式を売りさばくのではなく、買い集めるのであるから話はまったく逆である。お金を調達するのではなくお金を払うのである。この動きはアメリカだけではなく、日本でも同様である。そして21世紀に入った現在この傾向は少しも変わっていない。しかしこれでは株式市場は一体何のためにあるのかということになるし、第一、株式会社の役割は一体なんだという疑問が湧いてくる。

これに対して自社株の買い付けを発表した会社や、評論家、教授などが表明する考え方は、企業の利益を株主に還元するために自社株買いをするのだというものである。だがこれは形式的な言い逃れに過ぎない。自社株を買うということは言うまでもなく株主から買い取ることだから、株主にお金を払い戻すことになる。しかし株主はそもそも手元に余ったお金、投資しようと思って用意していたお金で株式を買ったわけだし、会社に売却して後に、自社株買いをされれば値下がりすればとにかく、値上がりすればペテンにかかったようなものである。

会社は自社株を買えばそれを資産として保有することになり、貸借対照表上両建てになる。自分の会社の株式を自分で財産として持つのだから差し引き発行株数は実際は減ったことになるが、この始末の仕方は色々あるが、償却という手段を取れば発行株数が減り、一株あたりの利益金が増える。一株当たりの利益金が増えるということは一株当たりの値段つまり株価が上がる有力な原因になる。じつはこれが自社株買いの本当の理由である。要は株価を上げたいのである。しかしこれについては後の節で詳しく述べる。

◆株式投資というより会社の売買

自社株買付をやることについてのこれ以上の立ち入った説明は後回しにして、その他の株式市場の変化について説明しよう。それは市場における売買が主にファンドによるものになったと同時に、それが単なる株式への投資ないし投機ではなく、企業そのものの売買であることが多くなったことである。その原因を理論的に言うと、資本主義経済に於いて、資本の増殖運動が停滞し、株式を発行して多額の長期の資本を集める必要がある巨額の投資が減り、逆に事業の一部分を切り捨てたり、子会社を他の企業に売却したりするようなことが増えたからである。またこれを少し角度を変えてみると、新技術が発達し、あたらしい商品が開発されるなどして産業構造が変化したこと、鉄鋼などの巨大素材産業が、先進国では成長を終了し、他方でサービス産業を中心に新しい産業がたくさん生まれたことが原因になっていると言える。言い換えると、会社はこれまでやってきた事業はもうあまり伸びる余地がなくなり、会社を発展させるためにはほかの会社を買収するしかなくなったということである。

この結果企業を丸ごと売買しようとする動きが活発になり、また一方で会社全体でなくても不採算になったり、将来あまり伸びる余地がないと見切りをつけた部門を切り売りしようとする会社が増えてきた。そしてこのような状況にある会社が、何処かの子会社である場合など、その経営者が親会社から発行株式の全量や大多数の株式を買い取ったり、公開会社の場合に支配権を確保できるだけの株数を市場で買い集めたりすることも見られるようになった。そして売りたい会社、買いたい会社を探し、会社の売買、合併や買収の仲立ちをするのが投資銀行の大きな業務、収益源となった。例によって投資銀行の仲介手数料は非常に高額なのである。

そしてこの動きに対応するファンドが多くあらわれ、買収ファンドとか、強引に乗っ取ろうとするために乗っ取りファンドなどと言われるものが現れた。業績不振の会社でその会社の事業そのものが消滅の危機にある場合などを別として、買収した後大幅な人員の削減を行い、下請け・部品製造企業に大幅な値下げを強制してコストを無理やりに下げ、強引に企業の債権を実行してその企業を売り飛ばすか、そのまま経営者として居座って高額の役員報酬を取るなど会社を食い物にするのを職業的なコスト・カッターという。日産自動車の元会長であったカルロス・ゴーン氏など典型的なコスト・カッターである。業績を回復してから売り飛ばすファンドなどはテレビなどでハゲタカ・ファンドと呼ばれた。

未公開で個人所有の会社はプライベイト・エクィティ（private equity）と呼ばれるが、これを乗っ取るまでにはいかないがある程度の株式を手に入れ、公開して売却し、多額の売却益を手に入れるのはプライベイト・エクィティ・ファンドである。また新技術、特に電子、半導体工業の分野で新技術、新商品を開発しながらも資本のないものに資金を供給する不安度をヴェンチャー・キャピタルというが、これも後で説明するように、成功すればプライベイト・エクィティ・ファンドと同様市場に公開して巨利を博することが出来るから、多くのファンドが虎視眈眈のところである。時たま未公開会社の中で、公開すれば後で説明する「企業価値」が１０億ドル以上になるだろうと予想されるものが出てくることがある。これをユニコーン（頭に角が一本ある伝説上の動物）と称してファンドマネージャーたちは探し回っている。新しい技術を開発して新しい会社を立ち上げる者をスタートアップというが、ひたすら高株価を目指し、高く売りさばいて財産を作ろうとする者も多い。したがっていかがわしいものも多い。

またファンドや他の企業のように外部から株式を買い取ろうとする者だけでなく、会社の内部から買い取ろうとする者もある。それは外部の株主による支配を脱し、経営者（マネージメント）が支配権を握ろうとして大量の株式を買い取り、日常的な経営だけでなく、会社の安定的な支配権を握ろうとするものである。これをマネージメント・バイアウト（MBO management buyout）と言う。大抵銀行やファンドから借金をして買い取ろうとするから、レバレッジ・バイアウト（LBO leverage buyout）と呼ばれる。レバレッジとは本来の意味は梃子のことであるが、自分の資金だけでなく、借金もして、手を広げて何かを買ったり、事業を始めたりすることを言う。当たれば大きく儲かるが、外れたら損も大きく、借金が返せなくて破産する危険も大きい。またMBOには上場を廃止して、非公開会社にしてしまうものもかなりある。つまりプライベイト・エクィティに戻すわけである。

要するに現代の株式市場の主役としてのプレイヤーはファンドであり、ファンドの資金源は前に説明したとおりである。あるいは別のファンドである。何度も説明したように本当の主役は中々顔を見せない。そしてその売買は、単なる株式投資だけでなくむしろ会社の売買の方が主要目的である。成功すれば巨額の利益が手に入る。また会社の売買を仲介する投資銀行は巨額の手数料が手に入るから、売買案件を一所懸命に探し、また探すだけでなく、買収や売却を勧める。会社の売買案件は往々にして金額が数億ドル、数十億ドルにのぼり、投資銀行の仲介手数料は、中には10％にもなるものもあって、信じがたいほど巨額である。この商売でのトップはアメリカの影の支配者とさえ言われるゴールドマン・サックスである。

◆企業価値と時価総額

株式の売買が単なる証券投資よりも会社の売買が主であるとなれば、問題になるのは会社全体の価値である。要するに会社をいくらで売買するかであるから、会社の値段が一番問題になるのは当たり前である。そこで「企業価値」という妙な言葉、難しく言えば概念が出てきた。では企業価値とは具体的には何なんだということになる。そしてそれは時価総額、すなわち時価に発行株数をかけたものだということになっている。株式の時価など誰かが買い煽れば上がるし、いい加減なものではないかと思う人が多いであろうし、時価総額が会社の価値だとする説にはアメリカでも異論があるようである。しかしともかく現代のアメリカの株式市場では、株主も経営者も、時価総額をめぐって鎬《しのぎ》を削っているといってよいであろう。

ともかく時価総額と言っても、もとは株価である。とにかくこれが高くなくてはならない。時価を一定とすれば、発行株数が多いほうが時価総額は大きくなるが、あまり株数が多いと値上がりしにくい。また会社の経営の成績を見る時、たくさんの利益を上げているのが良いのに決まっているが、それが多数の株主の出資で、多額の資本金によるものであっては意味がない。一株当たり、ひいては株主一人当たりの利益も少なくなる。したがって会社の収益状況の良し悪しは、一株当たりの利益の多寡で見なければならないと考える。利益を英語で言うとプロフィット、profit であるが、投資に対する見返りという意味で市場用語ではリターン（return）という。株主が出したお金という意味で資本金のことを、前に説明したのとは少し違う意味でエクィティ（equity）と言う。そして一株当たりの利益の比率、つまり利益金を発行株数で割ったものをリターン・オン・エクィティ（ROE return on equity）と言い、これが大きい会社を良い会社と考えて、株価は高くなり、したがって時価総額も大きくなる。株主にとって大事なのは、本来なら長期的な会社の経営状態で、必ずしも一決算期の利益とは限らない。しかし現代の株主、特にファンドの株主は長期に持つ気持ちはなく、株価が上がればすぐに売る気でいる。その方が投資の効率が良いからである。とにかく時価が高くなければ話にならない。そのために大事なのは一株当たりの利益、一株当たりの配当金である。それを示す元の数字はROEである。とすると発行株数は少ないほうが良い。

幸か不幸か、現代は設備投資が不振である。だから株式を発行して長期資金を集めるという必要性は薄い。それなら自社株を買い、償却して積極的に資本金を少なくし、発行株数を減らしてROEを良くすればよい。そうすれば株価は上がる。そして現実はさらにその上をいく。株価が高いかどうかを測る目安として株価収益率、PER（price earnings ratio）というのがある。プライスは値段、アーニングは利益、レイショウは率である。PをEで割ると、株価が一株当たりの利益金の何倍かを示す数字になる。この値が小さければ株価は割安大きければ買われ過ぎということになる。２１世紀１０

年代のアメリカの株価では、なんと２００とか、３００、つまり一株当たりの利益の二百倍、三百倍という高い株価が珍しくなかったのである。そしてそれだけではない。電気自動車だの、自動車のシェアだの、自動運転だのと言う最新技術を売り物にする会社では業績は毎期赤字であるにもかかわらず、ＰＥＲが大変高い会社が何社もあったのである。

こうして２０世紀後半、２１世紀初頭までに、アメリカの上場会社の発行株数は激減し、さらに驚くべきことには上場企業の数は半減した。そして時価総額は逆に１０倍に膨らんだと言われている。株価のことであるから変動しやすく、計数の比較は左程の意味を持たないかも知れないが、おおよその傾向はこのとおりである。恐らく上場企業数、発行株数は減少傾向を続け、時価総額は増大傾向を続けるであろう。但し時価総額の膨張、すなわち株価の値上がりは、グーグルやアマゾンのような新しい産業の成長が今後も続き、電気自動車や自動運転などの新しい技術が進展して新しい産業分野を開拓してくれるだろうという期待が裏切られないことが条件である。これが逆に幻想となったら、ＲＯＥもＰＥＲも無残なことになる。期待と幻想は本来あまり意味の違わない言葉である。

◆個人大富豪の製造装置と格差の増大

企業価値＝時価総額の大きさは、現代資本主義経済のように企業そのものの売買が盛んになっている時には大きな意味を持つ。企業の合併あるいは買収は、しばしば株式の交換によって行われる。買収される企業の株式の買い取り代金として、買収する側の企業の株式を渡すわけであるから、いわゆる企業価値が高いほど、つまり株価が高いほど、相手企業の株式を割安に手に入れられることになるからである。

しかし現実の問題としては、株式、もっと具体的には株価が、個人の致富、大儲けの手段になっていることが、企業価値の増大、ＲＯＥ重視の大きな理由になっている。かつて１９世紀末、ヒルファーディングが『金融資本論』で（第2編、第7章、第1節「配当と創業者利得」）取り上げた創業者利得（der Gruendersgewinn　グリュンダースゲヴィン）が、今日ではずっと大規模に作り出され、あとで述べるように大富豪を数多く生み出し、すでに大富豪であったものはさらに超大富豪になっている。

ヒルファーディングが取り上げた創業者利得は、株式会社を設立し、株式を発行して自分が大株主になった者　つまり創業者（ドイツ語で言えばグリュンダー）が、大きな利益をあげることができる理由として挙げているものである。貨幣資本家として貨幣を金融市場で運用している者は、市場の平均的な利子率で自分の貨幣が運用できれば満足するはずである。ところが市場の利子率の何倍もの高い率で利益が得られ、高い率で配当金を得るとした場合、一株当たりの配当金を株価で割った率が、市場の利子率と少なくとも同じであればよいのであるから、配当金がたくさんあれば株価が高くてもよいことになる。この場合一応の理論的な株価としては、一株当たりの配当金を市場の利子率で割った金額が株価になる。つまりその株価で株式を買ったら、配当金を株価で割った率、つまり株式の利回りが、利子率と同じになる。そして配当金がたくさんの場合には株価は高くなるはずである。こうして利子率と同じ利回りになるように計算した株価を、「配当金を利子率で資本還元した」という。こうした計算で会社を創業した者が獲得する利得をヒルファーディングが創業者利得と呼んだのである。

現代の創業者利得はヒルファーディングの時代より遥かに大きい。マイクロソフトのビル・ゲイツを始めとして、ＧＡＦＡ（グーグル、アップル、フェイスブック、アマゾン）などの創業者たちは、まさに天文学的な値上がり益を手に入れ、超大富豪になっている。もちろん彼らの後を追って会社をスタート・アップし、大きな創業者利得を獲得する者は続出している。ただすでに指摘したように、高い株価を実現してはいるものの、まだ「期待」の段階にある企業や、うさん臭いものもあることも事実である。

こうした夢のような「企業価値」に象徴されるアメリカの株式市場の変化は、創業者たちに巨万の富を与えただけではない。経営者の報酬を株式で与え、さらにボーナスも株式で与えることによって、既に富裕層に属している企業経営者を一層大富豪にした。「自社株買い」によって企業が保有することになる自社株は、消却されることもあるが、大部分は経営者の財産作りの材料となる。多年にわたる低金利政策、豊富な金融市場の資金などによって、最早株式は企業が資金を調達するための手段という意義は薄れてきている。そして創業者、経営者、さらに会社を買収し、あるいは乗っ取るコストカッター達は、企業価値を増大するために、容赦なく人員整理を行い、不正規雇用の比率を上げて賃金を切り下げ、下請けや部品製造業者に過酷な値下げを強要している。アメリカの金融化の一つとしての株式市場の変質は、国民の格差の増大を一層促進しているのが実情である。

12　補論　日本経済に於ける財政と金融の一体化

この本が出版されると間もなく、第二次安倍内閣は安倍首相の自民党総裁の任期終了とともに終了するが、安倍氏は引続き政権を手離さない。安倍政権が何時まで続くか筆者には分らないが、自民党の政権である限り、経済政策は恐らく大きく変わることはないであろう。第2次安倍内閣の経済政策は、アメリカの言いなりになる点ではどの自民党内閣でも同じであるから別としても、大企業、大富豪のための減税と、選挙に備えて国民の人気取りのためのバラ撒き、いわゆるポピュリズムを基本としている限り、毎年大幅な赤字財政を続けることは変えようがなく、２０００兆円になんなんとする膨大な政府債務は増え続けることになる。そうなると毎年の赤字、つまり歳入の足りない分と、さらにその上、以前発行した国債でその年に期限がきた分を償還するためのお金と、いま国債の形で借りている借金の利子を払うために、大変な額の国債を発行しなければならない。大体租税収入は、今後余程の大増税でもしない限り不景気な年で５０兆円くらい、景気のいい時で６０兆円くらいである。そして支出予算のほうは何時も何とか理屈をつけてじりじりと増え、先に述べた国債の償還と利子の支払いのための支出、つまり国債費と一緒にすると１００兆円を超える。わかりやすく簡単化して言うと、５０兆円か６０兆円の収入で１００兆円から１１０兆円使うという大不健全財政を続けているのである。そしてこの状態が改善される見込みはない。

そうすると毎年どうしても多額の国債を出し続けていかなければならないが、現在の黒田総裁の日銀同様、形式的には財政法に従って国債を直接日銀が政府から買う（これを日銀引き受けと言い、財政法で禁じられている）ことはしないが、今やっているように一旦市中の銀行や保険会社などが買い取って後日銀が買い取るというやり方は続けざるを得ない。序に説明しておくと、黒田総裁のやり方が問題なのは、「異次元緩和」などと称して、その年に政府が発行した分だけでなく、民間が持っている国債をまるで洗いざらい全部買ってしまうような買い方で、金利はマイナス状態にまで下がり、貨幣は市場にあふれているが誰も借りにこないという状況で銀行は商売にならず、ほとんどの銀行が赤字という状態に追い込められていることである。そうなると自然銀行は不良貸出を増やし、危険の大きい海外への貸出や、信用度の低い国の国債を買ったりする。だから銀行の資産内容はどんどん悪くなっている。しかもそれで景気が良くなればともかく、さっぱりで、黒田氏が目標として掲げた物価の2％上昇など、そもそも考え方が間違っている以上、達成されるはずがない。

黒田日銀の間違った金融政策はともかくとして、先に説明した財政状態であるから、今後も日銀は国債を買わざるを得ないであろう。日銀が買わなければ市中の金融機関や投資家は、一旦買った国債を持ち続けなければならないことになり、それはゼロ金利とかマイナス金利などとまったく資金の運用にならないだけでなく、持ち続ければ損になる可能性もあるのであるから、民間金融機関にはとてもできないことである。だからいったん銀行などが買ってそれを日銀が買うという方式は継続せざるを得ない。日銀が買わなければたちまち金利が高騰して大変なことになる。

ということは、政府は財政上国債を発行し続けざるを得ないが、それを日銀は買わざるを得ないということである。とすると政府としては、借金は悪いこととは知りながら、必ず借りられる。政府の取引銀行の日本銀行の政府口座残高が空っぽになることはないということである。ということはまた、日本政府は財政節度、収入以上にお金を使ってはいけないという、誰にでもわかる規律を、守るという気持ちが希薄になるということである。何しろ「もっと金を出せ」「もっと金を使え！」という圧力に年中晒されているのである。これで財政赤字が縮小するわけがない。財政再建など夢のまた夢である。

そうすると、問題になるのは政府と中央銀行の間柄である。赤の他人なら借金は急いで返さなければならないが、同じ政府の機関同士ということなら、同じ自分が自分から借りていることになり、差し引き貸借はゼロである。中国では中央銀行の人民銀行は独立した銀行ではなく、国務院（内閣）の一部局に過ぎない。したがって、もちろん中国共産党の指導下にある。これと同じことになる。とすると他人の中央銀行が銀行券を発行している（あるいは銀行券の元である中央銀行の預金口座残高を増やす）のではなく、自分が銀行券を発行している（中央銀行預金残高を増やす）のと実際は同じではないかということになる。しかしそれだと政府紙幣と同じことになる。

政府紙幣が良くないのは、政府が国民の、あるいは支持してくれている大金持ちの、ご機嫌を取るためにどんどん紙幣を発行して財政支出をバラ撒き、勢い供給以上に需要を増やして必ずと言ってよいほどインフレーションになることである。元々金貨と兌換しない不換紙幣は政府紙幣と同じではないかという議論があるが、ここではそれで大丈夫かどうかを問題にする。

元来お金の貸し借りで一番の問題は身内から借りたか、他人から借りたかである。ヨーロッパで騒ぎを起こしている南欧諸国、周辺諸国のように国内の銀行や資本集積機関が、国債を買い入れる資力がない時、お金が余っている外国の銀行に買ってもらうと、期限がきて「金を返せ」と言われた時に困る。日本のように新しい国債を発行してその代金で古い国債を償還する、つまり借り換えるというわけにいかない。ユーロ圏では中央銀行はヨーロッパ中央銀行、ＥＣＢの支店のようなもので勝手に今の日本のように銀行券を発行し、預金残高を創造できない。出来るのはＥＣＢだけである。でないとユーロ圏内の政府が、色色な手を使って借金を膨らませ、ばら撒いてインフレを起こしたりする危険があるからである。

しかし今の日本では、中央銀行の独立性は、日本銀行法にはそれらしいことが書いてあっても、実際には政府の言いなりである。そのような日本で、他人の関係が入りこんでくる可能性はあるのだろうか。ないとは言えない。すでに現在でも日本の国債の一部分は外国の金融機関が持っている。彼らの日本国債に対する信用の根源は日本の国力、そしてそれを一番分かり易い形で示している世界一の外貨準備である。とすると、今後外国から「金を返せ」と言われるようなことが起こった場合に、困るか困らないかは、究極的にはこの外貨準備がたくさんあるかどうか、増えたか減ったかに掛かってくる。このあたりの理屈は面倒なので説明は略す。

この外貨準備が、今後減るか減らないかは、貿易収支の黒字が続くか続かないか、貿易が赤字になった場合に、それを補うものとして外国から入ってくる利子や配当金があり、それで経常収支は黒字になっているのだが、その経常収支が黒字を続けられるかどうか、に掛かってくる。

もし経常収支が赤字基調になり、外貨準備が減ってきたら、当然円は下落する。戦後日本経済はドルの下落とともに、1ドル360円から一番円高の時で70円台まで円高になり、それに抗して国際競争力を鍛え、成長してきたと言える。その流れが逆になり、大幅な円安になったらどうするかである。日本はほとんどすべての産業材料を輸入する国であるから、実は円高になると輸入原材料は安く手に入るわけで、これは大変なプラスであった。これが円安になると、とうぜん原材料は値上がりし、コスト高になる。つまり輸入インフレが発生する。経済が弱体化し貿易赤字が拡大すれば、円は暴落して悪性インフレにつながる。かつて第一次大戦後のドイツで悪性インフレーションが発生した時、毎日通貨のマルクの対ドル相場の下落と物価の高騰が、完全に並行して進んだ。こうした事態を防ぐには強烈な緊縮政策が必要になる。大量の失業は避けられない。

もし悪性インフレになれば、一番得をするのは政府である。物価が千倍になっても借金は千倍にはならない。だから、借金は千分の一になったのと同じになる。これを債務者利得という。そして金融資産は貨幣か、貨幣に対する請求権だから価値は千分の一になる。国民の貯蓄は致命的な打撃を受ける。政府紙幣は政府に、財政を健全にしなければいけないという意欲を失わせ、ますます財政支出を拡大させるように働く。今日銀券が政府紙幣になってしまったかどうかはさておき、それに近くなったように、政府の財政政策と、日本銀行の金融政策が一体化しているのは確かである。いくら赤字国債を発行しても大丈夫だという、その証拠として日本の財政金融の状態を挙げるMMT、モダーン・マネタリー・セオリー、訳すと近代貨幣理論という、怪しげな理論を唱える学者がアメリカに現れた。

国民は騙されてはいけない。一方では政府の放漫財政を止めさせ、他方では政府にお金を供給し続ける日本銀行に馬鹿げた金融政策を止めさせなければならない。さもないと我々の生活が破綻するかも知れないのである。

熊野剛雄（くまの・よしお）《筆名：大槻久志（おおつき・ひさし）》
1926年　広島県尾道市生。東京大学（旧制）経済学部卒業、大学院中退。角丸証券（現・みずほ証券）調査部長、日本証券経済研究所主任研究員、同理事を経て専修大学教授、同経営研究所長、証券経済学会代表理事、日本学術会議会員を歴任。
2020年没。
主な著書
『大不況はくるか』（1971年、東洋経済新報社）
『株式の話』（1984年、東洋経済新報社）
『銀行と証券』（1989年、講談社現代新書）など多数。
筆名の著書
『「金融恐慌」とビッグバン』（1998年、新日本出版社）
『やさしい日本経済の話』（2003年、新日本出版社）
『金融化の災い：みんなのための経済の話』（2008年、新日本出版社）

やさしい 日本《にほん》と世界《せかい》の経済《けいざい》の話《はなし》

2019年10月25日　初　版
2020年12月20日　第2刷

著　者　熊　野　剛　雄
発行者　田　所　　稔

郵便番号　151-0051　東京都渋谷区千駄ヶ谷4-25-6
発行所　株式会社　新日本出版社
電話　03（3423）8402（営業）
03（3423）9323（編集）
info@shinnihon-net.co.jp
www.shinnihon-net.co.jp
振替番号　00130-0-13681

印刷　光陽メディア　　製本　小泉製本

落丁・乱丁がありましたらおとりかえいたします。

ISBN978-4-406-06363-0 C0033　Printed in Japan